全国英语专业博雅系列教材/总主编 丁建新

英 美 诗 歌

主 编：张广奎
副主编：王 雯 洪丹虹

中山大学出版社
SUN YAT-SEN UNIVERSITY PRESS
·广州·

版权所有　翻印必究

图书在版编目（CIP）数据

英美诗歌/张广奎主编；王雯，洪丹虹副主编．—广州：中山大学出版社，2016.1

（全国英语专业博雅系列教材/总主编　丁建新）

ISBN 978 - 7 - 306 - 05550 - 7

Ⅰ．①英… Ⅱ．①张… ②王… ③洪… Ⅲ．①英语—高等学校—教材 ②诗歌评论—英国 ③诗歌评论—美国 Ⅳ．①H319.4：I

中国版本图书馆 CIP 数据核字（2015）第 289217 号

出版人：	徐　劲
策划编辑：	熊锡源
责任编辑：	熊锡源
封面设计：	曾　斌
责任校对：	林彩云
责任技编：	何雅涛
出版发行：	中山大学出版社
电　　话：	编辑部 020 - 84111996，84113349，84111997，84110779
	发行部 020 - 84111998，84111981，84111160
地　　址：	广州市新港西路 135 号
邮　　编：	510275　　　传　真：020 - 84036565
网　　址：	http://www.zsup.com.cn
	E-mail:zdcbs@ mail.sysu.edu.cn
印 刷 者：	广州中大印刷有限公司
规　　格：	850mm×1168mm　1/16　11.75 印张　230 千字
版次印次：	2016 年 1 月第 1 版　2016 年 1 月第 1 次印刷
定　　价：	34.00 元

如发现本书因印装质量影响阅读，请与出版社发行部联系调换

英语专业博雅系列教材编委会

总主编　　丁建新（中山大学）

编辑委员会

李洪儒（黑龙江大学）
司显柱（北京交通大学）
赵彦春（天津外国语大学）
田海龙（天津商业大学）
夏慧言（天津科技大学）
李会民（河南科技学院）
刘承宇（西南大学）
施　旭（浙江大学）
辛　斌（南京师范大学）
杨信彰（厦门大学）
徐畅贤（湖南城市学院）
李玉英（江西师范大学）
李发根（江西师范大学）
肖坤学（广州大学）
宫　齐（暨南大学）
张广奎（广东财经大学）
温宾利（广东外语外贸大学）
杜金榜（广东外语外贸大学）
阮　炜（深圳大学）
张晓红（深圳大学）

博雅之辩（代序）

大学精神陷入前所未有的危机，许多人在寻找出路。

我们的坚持是，提倡博雅教育（Liberal Education）。因为大凡提倡什么，关键在于审视问题的结症何在，对症下药。而当下之困局，根源在于功利，在于忘掉了教育之根本。

博雅教育之理念，可以上溯至古罗马人的提倡的"七艺"：文法、修辞、辩证法、音乐、算术、几何、天文学。目的在于培养人格完美的自由思考者。在中国教育史上，博雅的思想，古已有之。中国儒家教育的传统，强调以学生人格培养为核心。儒家"六艺"，礼、乐、射、御、书、数，体现的正是我们所讲的博雅理念。"学识广博，生活高雅"，在这一点上，中国与西方，现代与传统，并无二致。

在古罗马，博雅教育在于培育自由的人格与社会精英。在启蒙时代，博雅教育意指解放思想，破除成见。"什么都知道一点，有些事情知道得多一点"，这是19世纪英国的思想家约翰·斯图亚特·密尔（John Stuart Mill）对博雅的诠释。同一时期，另外一位思想家，曾任都柏林大学校长的约翰·亨利·纽曼（John Henry Newman）在《大学理念》一书中，也曾这样表述博雅的培养目标："如果必须给大学课程一个实际目标，那么我说它就是训练社会的良好成员。它的艺术是社会生活的艺术，它的目的是对世界的适应……大学训练旨在提高社会的精神格调，培养公众的智慧，纯洁一个民族的趣味"。

博雅教育包括科学与人文，目标在于培养人的自由和理性的精神，而不是迎合市场与风俗。教育的目标在于让学生学会尊重人类生活固有的内在价值：生命的价值、尊严的价值、求知的价值、爱的价值、相互尊重的价值、自我超越的价值、创新的价值。提倡博雅教育，就是要担当这些价值守护者的角色。博雅教育对于我们来说，是一种素质教育，人文教育。人文教育关心人类的终极目标，不是以"有用"为标准。它不是"万金油"，也无关乎"风花雪月"。

在美国，专注于博雅教育的大学称之为"文理学院"，拒绝职业性的教育。在香港，以博雅教育为宗旨的就有岭南大学，提倡"全人教育"。在台湾大学，博雅教育是大学教育的基础，课程涉及文学与艺术、历史思维、世界文明、道德与哲学、公民意识与社会分析、量化分析与数学素养、物质科学、生命科学等八大领域。在欧洲，博雅教育历史中的七大范畴被分为"三道"（初级）与"四道"（高级）。前者包括语法、修辞与辩证法。四道包括算术、几何、天文与音乐。在大陆的中山大学，许多有识之士也提倡博雅之理念，让最好的教授开设通识课程，涉及现代学科之环境、生物、地理等各门。同时设立"博雅学院"，学拉丁，读古典，开风气之先。

外语作为一门人文性很强的学科，尤其有必要落实博雅之理念。对于我们来说，最好的"应用型"教育在于博雅。早在20世纪20～40年代，在水木清华的外文系，吴宓先生提倡"语""文"并重，"中""西"兼修，教学上提倡自主学习与互动研究。在《西洋文学系学程总则》中，吴宓明确了"博雅之士"的培养目标：

  本系课程编制的目的为使学生：（甲）成为博雅之士；（乙）了解西洋文明之精神；（丙）熟读西方文学之名著、谙悉西方思想之潮流，因而在国内教授英、德、法各国语言文字及文学，足以胜任愉快；（丁）创造今日之中国文学；（戊）汇通东西方之精神而互为介绍传布。

博雅之于我们，不仅是理念，更重要的是课程体系，是教材，是教法，是实践、是反应试教育、是将通识与专业熔于一炉。基于这样的理念，我们编写了这套丛书。希望通过这样的教育，让我们的学生知道人之为人是有他内在的生活意义，告诉我们的学生去求知，去阅读，去思考，去创造、去理解世界、去适应社会、去爱、去相互尊重、去审美、去找回精神的家园。

无需辩驳，也不怕非议。这是我们的坚守。

中山大学外国语学院　教授、博士生导师
中山大学语言研究所　所长
丁建新
2013年春天

前　言

在当代大学教育里，人文教育越来越受到关注，因为一个人才的人文素质在一定程度上决定他在专业领域是否可以走得更高、更远。而在人文教育里，作为博雅教育的诗歌教育更能对高素质人才起到积极的影响，因为这种阳春白雪多是人们内心崇高的追求或表现。尽管很多人在这方面的潜能未被激发出来，但是那是教育的过错和不足。

古人云，诗言志，其是说古往今来，没有几个人写诗不是借此抒怀的；要么倒拔垂柳，要么气吞山河。即便发愤，抑或发泄，也属于同声相应，同气相求。更为重要的是，就文学的基本功用来说，它还可起到如亚里士多德所说的宣泄（catharsis）的功能——通过创作，或通过朗诵、阅读等实践从而达到宣泄心理、净化心灵、升华灵魂和人格的功用。中国的诗歌自古如此，作为文学精华的英美诗歌同样是英美文化和英美文学的精髓！

《英美诗歌》的编写，是应中山大学语言研究所所长、博士生导师丁建新教授之邀，旨在为中山大学所提出的博雅教育（liberal education）添砖加瓦，旨在为丁建新教授所掌门的、执意把博雅教育进行到底的中山大学南方学院外文系的博雅教育再抹上一笔浓浓的色彩，也为他所教导的本科生和指导的博士、硕士研究生们以"博雅"呐喊、助威。

关于《英美诗歌》中诗人的遴选，本着由英国到美国的原则，基本按年代依次选、编、译，同时考虑诗人或诗歌的重要性进行编排。在选取诗人之诗歌时，有时甚至没有选取我国读者或学者传统认为重要的经典，也旨在让我国读者看到更多英美本土已经接受、流变下来的经典诗歌，更有特意让我国读者扩充阅读经典或非经典范围的考虑。

本书包括三大部分，由张广奎和洪丹虹架构起整本书的结构，并基本遴选出诗人、诗歌。第一部分主要讲述英语诗歌的基本技巧和入门知识，由中山大学南方学院洪丹虹起草。第二部分为英国诗歌，第三部分为美国诗歌，由中山大学南方学院王雯起草。最后由广东财经大学外国语学院张广奎教授修改、统稿、定稿。

在编辑出版该书的过程中，由于时间仓促，未能联系上部分诗人或译者或相关法定版权人，在此表示深深的歉意。歉意之余，也对中山大学出版社编辑熊锡源博士的严谨治学之精神表示深深的敬意，对其于本书付出的辛勤劳动表示衷心的谢意。

　　诗歌，和再创作的诗歌翻译一样，均能陶冶情操，具有美育的功效。她，美人，美情，美心；她，怡人，怡情，怡心。英美诗歌的王国等待着你的美学探索。

张广奎

2015年10月于羊城

目　　录

第一章　英语诗歌入门 ……………………………………………………… (1)
第一节　诗歌类型 ……………………………………………………… (1)
　　一、抒情诗（lyric poem） ……………………………………………… (1)
　　二、叙事诗（narrative poem） ………………………………………… (2)
　　三、戏剧诗（dramatic poem） ………………………………………… (4)
第二节　节奏与声韵 …………………………………………………… (4)
　　一、节奏（rhythm） …………………………………………………… (5)
　　二、声韵（rhyme） …………………………………………………… (9)
第三节　诗歌语言的技艺 ……………………………………………… (12)
　　一、明喻（simile） ……………………………………………………… (12)
　　二、隐喻（metaphor） ………………………………………………… (13)
　　三、拟人（personification） …………………………………………… (14)
　　四、移就（transferred epithet） ……………………………………… (15)
　　五、借代（metonymy） ………………………………………………… (15)
　　六、通感（synaesthesia） ……………………………………………… (16)
　　七、夸张（hyperbole） ………………………………………………… (17)
　　八、矛盾修饰法（oxymoron） ………………………………………… (17)
　　九、悖论（paradox） …………………………………………………… (18)
　　十、反语（irony） ……………………………………………………… (19)
　　十一、排比（parallelism） ……………………………………………… (20)
　　十二、对比（antithesis） ……………………………………………… (20)
　　十三、反复（repetition） ……………………………………………… (21)
　　十四、拟声（onomatopoeia） ………………………………………… (22)
　　十五、用典（allusion） ………………………………………………… (22)
　　十六、双关语（pun） ………………………………………………… (23)

第二章　英国诗歌 …………………………………………………………… (24)
第一节　英国诗歌简介 ………………………………………………… (24)

一、英诗的起源与英雄史诗（公元5—15世纪）……………………（24）
二、文艺复兴（15世纪末—17世纪）………………………………（26）
三、17世纪 …………………………………………………………（27）
四、启蒙时期（17世纪后期—18世纪中期）………………………（28）
五、18世纪 …………………………………………………………（29）
六、浪漫主义时期（1798—1832）…………………………………（30）
七、维多利亚时期（19世纪30年代—1918年）……………………（31）
八、现代主义文学时期（1918—1945）……………………………（32）
九、当代英国诗歌（1945—）………………………………………（33）
第二节　重要诗人概述及其经典作品…………………………………（34）
一、杰弗雷·乔叟（Geoffrey Chaucer, 1340—1400）……………（34）
二、威廉·莎士比亚（William Shakespeare, 1564—1616）……（49）
三、约翰·多恩（John Donne, 1572—1631）……………………（55）
四、约翰·弥尔顿（John Milton, 1608—1674）…………………（63）
五、威廉·布莱克（William Blake, 1757—1827）………………（68）
六、威廉·华兹华斯（William Wordsworth, 1770—1850）……（73）
七、乔治·戈登·拜伦（George Gordon Byron, 1788—1824）…（77）
八、珀西·比西·雪莱（P. B. Shelley, 1792—1822）……………（88）
九、约翰·济慈（John Keats, 1795—1821）……………………（97）
十、罗伯特·勃朗宁（Robert Browning, 1812—1889）…………（104）
十一、阿尔弗雷德·丁尼生（Alfred Tennyson, 1809—1892）…（109）
十二、威廉·巴特勒·叶芝（W. B. Yeats, 1865—1939）………（111）
十三、威斯坦·休·奥登（Wystan Hugh Auden, 1907—1973）…（118）

第三章　美国诗歌…………………………………………………（122）
第一节　美国诗歌简介…………………………………………………（122）
一、殖民主义时期（1607—1775）…………………………………（122）
二、早期浪漫主义时期（1775—1830）……………………………（123）
三、浪漫主义时期（1830—1860）…………………………………（124）
四、现代主义时期（19世纪末—20世纪中叶）……………………（125）
五、当代美国诗歌（1955—）………………………………………（126）
第二节　重要诗人概述及其经典作品…………………………………（127）
一、埃德加·爱伦·坡（Edgar Allen Poe, 1809—1849）………（127）
二、沃尔特·惠特曼（Walt Whitman, 1819—1892）……………（134）

三、艾米莉·迪金森（Emily Dickinson, 1830—1886） ……………（138）
四、罗伯特·弗罗斯特（Robert Frost, 1874—1963） ……………（145）
五、埃兹拉·庞德（Ezra Pound, 1885—1973） ……………………（152）
六、托马斯·斯特恩斯·艾略特（T. S. Eliot, 1888—1965） ………（154）
七、兰斯顿·休斯（Langston Hughes, 1902—1967） ………………（165）
八、艾伦·金斯堡（Allen Ginsburg, 1926—1997） …………………（170）

参考文献……………………………………………………………（174）

第一章 英语诗歌入门

第一节 诗歌类型

诗歌的海洋浩瀚广阔，种类繁多。根据不同的划分标准，可以把诗歌划分为不同类别。一般来说，从诗歌的内容和形式两方面来看，主要有三大类：抒情诗（lyric poem）、叙事诗（narrative poem）和戏剧诗（dramatic poem）。

一、抒情诗（lyric poem）

抒情诗最初是指那些专门写来吟诵或传唱的短诗。在现当代，抒情诗指的是以抒发感情为主要表达方式的诗歌，侧重表现作者对社会生活的体验和内在感受。抒情诗歌一般没有完整的故事情节，也没有完整的人物塑造，旨在表现生活中某个片段或对事物形象进行描绘，抒发作者内心的情感。一般抒情诗以情感澎湃、想象丰富、语言优美、韵律和谐为特色。它不仅在英诗繁荣的文艺复兴时期、浪漫主义时期大受诗人青睐，直到现在也是最流行的诗歌形式。抒情诗主要是抒发个人情感，篇幅较短，包括十四行诗（sonnet）、颂歌（ode）、挽歌（elegy）、田园诗（idyll）等。

十四行诗兴起于意大利，是一种格律严谨的抒情诗体。十四行诗格式多变，但是基本上都是以十四行抑扬格作为诗体，又因为这种诗歌常常要与音乐合律，因此格律必须相当严密。意大利诗人彼特拉克（Petrarch，1304—1374）是创作十四行诗最主要的代表，他所写的十四行诗自成一格，格律为 abba abba cdecde，被称为彼特拉克十四行诗（Petrarchan Sonnet）。16 世纪初，十四行诗体传到英国，风行一时，到 16 世纪末，十四行诗已成了英国最流行的诗歌体裁，产生了菲利普·西德尼（Philip Sidney，1554—1586），埃德蒙·斯宾塞（Edmund Spenser，1552—1599）等著名的十四行诗诗人。威廉·莎士比亚（William Shakespeare，1564—1616）进一步发展并丰富了这一诗体，他改变了彼特拉克的格式，创造了主题更为鲜明丰富，思路更加曲折多变，常常在最后一副对句中才点明题意的莎士比亚十四行诗（Shakespearian Sonnet），这种诗歌的格律为 abab cdcd efef gg。莎士比亚之后的著名诗人约翰·弥尔顿（John Milton, 1608—1674），以及到后来浪漫主义时期的威廉·华兹华斯（William Wordsworth, 1770—1850），珀西·比西·雪莱（Percy Bysshe Shelley, 1792—1822），约翰·济慈（John Keats, 1795—1821）等人都写过很多优秀的十四行诗。

颂歌起源于古希腊，是一种以歌唱为目的的抒情诗体。它以严肃崇高的笔调赞颂人或事物，语气庄严而不乏热忱。颂歌是英国浪漫主义时期很流行的一种诗体。浪漫主义颂歌脱胎于古希腊颂歌，却不以歌唱为目的，诗人选取某一事物作为抒情对象，称颂其高尚内涵，表达自己独特的见解并抒发其内心情感。如英国诗人雪莱的著名诗歌《西风颂》（Ode to the West Wind）。另一位浪漫主义诗人济慈在其短暂的人生中写了很多流芳百世的颂歌，为英诗颂歌之精华。他的《夜莺颂》（Ode to a Nightingale）、《希腊古瓮颂》（Ode on a Grecian Urn）、《秋颂》（To Autumn）等最为世人传颂，为英诗史上的名篇。

挽歌是为了表达哀怨之情的诗歌，其基本格式为抑扬格五音步，以四行诗为一诗节（stanza）。挽歌最初是从爱情诗发展而来，到了17世纪，挽歌逐渐成为一种正式的表示哀悼和慰藉的诗歌。英国忧郁文学代表人物，有"墓地诗人"之称的托马斯·格雷（Thomas Gray, 1716—1771）于1750年发表他人生中最重要的作品——《墓园挽歌》（An Elegy Written in a Country Churchyard），这部作品不仅在那个时代就备受关注，直到今天仍然被认为是最完美的诗篇之一。该诗的主题是"人不分高低贵贱，都要进入坟墓"。诗歌传达了诗人对默默无闻小人物的同情，感叹他们没有机会施展才能，同时也谴责了大人物的傲慢无礼、生活奢靡。整首诗歌充满了对下层人民同情的感伤情调，对暮色中大自然的描写使这首诗歌成为叩开浪漫主义诗歌大门的敲门砖，而该诗在艺术技巧上又实现了古典主义对诗艺的完美追求。全诗128行，包括29个诗节（stanza）和2个墓志铭（epitaph），诗歌节奏舒缓，语调肃穆，恰当地表达了缠绵迂回的哀思。

田园诗是指歌咏农村田园生活的诗歌。英国浪漫主义诗人华兹华斯就是以歌颂大自然和乡村生活见长的诗人。在他笔下，英国乡村的小桥、流水、绿野、蓝天、雄鸡、小鸟、牛群及辛勤劳作的男女老少总是交相辉映，相映成趣，构成一幅恬静安逸的自然田园风光图。

二、叙事诗（narrative poem）

像小说一样，叙事诗歌包含了角色、情节、背景和叙事角度等故事中不可或缺的元素，用诗的形式娓娓动听地讲述一个故事或用故事来刻画一个人物，并且通过写人叙事来抒发情感。叙事诗的情节一般较为简单，篇幅也较小说和戏剧短小。叙事诗所刻画的人物通常性格突出而典型，故事情节完整而集中，生活场景层次分明，叙事简练，融情于景，既有曲折婉转的剧情又有厚重深邃的诗意，因此一直深受读者喜爱。叙事诗可长可短，所叙述的故事可以是简单的也可以是复杂的，如乔治·戈登·拜伦（George Gordon Byron，1788—1824）的叙事长诗《恰尔德·哈罗尔德游记》（*Childe Harold's Pilgrimage*）情节就比较复杂。该诗记叙了一位名叫恰尔德（Childe）的英国贵族青年对本阶级厌恶反感，愤而出走独自游历欧洲各地的所见所思。拜伦曾两次游历欧洲大陆各国，恰尔德的游历其实就是诗人的见闻记录。这首诗揭露了当时欧洲许多国家政府压迫、奴役人民的残酷现实，歌颂了欧洲民族民主解放运动，是拜伦的浪漫主义艺术的体现。诗中通过对自然景物的描写、对历史古迹的歌颂，诗人抒发了自己对世界、对人生的感慨。

叙事诗一般包括史诗（epic）、歌谣（ballad）、故事诗（metrical tale）等形式。

史诗是一种庄严的古代长篇民间叙事诗。题材包括本民族的神话传说、重大历史事件或宗教故事。史诗主要歌颂每个民族在其形成和发展过程中所经历的各种艰难险阻，最终凭借人民的聪明才智和无畏的精神，克服自然灾害，抵御外敌入侵，创造了辉煌的英雄业绩。一般认为最早的史诗产生于原始社会末期，是在神话世界观的基础上产生的，是人类最早的精神产品。通过史诗，我们可以了解早期人类社会的状况。从广义上说，史诗包括创世史诗、神话史诗和英雄史诗；从狭义上来说，史诗专指英雄史诗。英雄史诗笔调庄严高雅，风格宏大，描写的题材伟大严肃，主人公通常是一个英雄或半神半人的人物，如《贝奥武甫》（*Beowulf*）讲述了斯堪的纳维亚的英雄贝奥武甫的英勇事迹，这首诗歌是英国盎格鲁—撒克逊（Anglo‐Saxon）民族迄今为止发现的最古老、最长的一部较完整的文学作品，也是欧洲最早的方言史诗。另外，英国著名诗人弥尔顿的《失乐园》（*Paradise Lost*）是以圣经为题材，写人类始祖亚当和夏娃受化身为毒蛇的撒旦的引诱，偷吃禁果，违背了上帝的意旨，最终被逐出伊甸园的一部叙事长诗。

歌谣是民间文学的一种韵文样式，一般取材于民间故事，情节大多都围绕着爱情、凶杀和冒险展开。歌谣大多为集体创作，是一种篇幅较短的叙事诗歌，歌谣的语言朴实，格调清新，饱含浓厚的生活和劳动气息。由于歌谣来自于民歌，因此它同民歌一样要靠口头相传。歌谣的诗句简单易懂，押韵上口，便于传诵，因此在历史上，每当社会矛盾尖锐或社会发生激烈变革时，民间歌谣就显得十分活跃，它反映民心民意，积极地参与斗争，为人民鼓吹呐喊。英语歌谣体的形式一般是四音步和三音步相交互替，以四行为一个诗节，第一行和第三行是四音步抑扬格诗行（iambic tetrameter），第二行和第四行是三音步抑扬格诗行（iambic trimeter）。韵律格式是 abab 或 abcb，由于韵律感很强，歌谣读起来总是朗朗上口。英语歌谣频频出现叠句，也有许多诗节运用递增重复，使故事情节得到发展。如英国湖畔诗人塞缪尔·泰勒·柯勒律治（Samuel Taylor Coleridge，1772—1834）所写的《古舟子咏》（*The Rime of the Ancient Mariner*）就是一篇歌谣体杰作，诗中描写了一位老水手在航海中不顾他人劝说射杀了一只信天翁，遭到信天翁的报复，整艘船的人员都因缺水生病而死亡，留下老水手一个人在船上饱受煎熬。这首歌谣的特点是，在简单的叙述中呈现富有戏剧性的动人情节，诗歌一唱三叹，引人入胜。

故事诗是用诗的形式讲故事，如产生于英国14世纪的浪漫传奇诗歌《高文爵士与绿衣骑士》（*Sir Gawain and the Green Knight*）。又如英国文学史上第一部现实主义杰作——杰弗雷·乔叟（Geoffrey Chaucer，1343—1400）所著的《坎特伯雷故事集》（*The Canterbury Tales*），这部作品由多个故事组成，向人们清晰地展示了14世纪下半叶英国的社会风貌。

三、戏剧诗（dramatic poem）

戏剧诗的含义比较宽泛，它既指运用了戏剧技巧和手法写的诗歌，又指那些只适合阅读而不适合演出的诗剧，也可以较为普遍地泛指任何剧本中出现的具有诗的形式的诗歌。戏剧诗通常采用独白（dramatic monologue）或者对话（dramatic dialogue）的手法，进行一定的叙事，诗歌具有戏剧的各种元素（主角、情节、场景），同时产生剧烈的戏剧性冲突。英语戏剧诗常常是用无韵体（blank verse）的形式来写的。戏剧诗分为悲剧（tragedy）与喜剧（comedy）两种。莎士比亚的剧本是典型的戏剧诗，如《哈姆雷特》（*Hamlet*），《麦克白》（*Macbeth*）。又如英国维多利亚时期的罗伯特·勃朗宁（Robert Browning，1812—1889）写过一首著名的戏剧独白——《我的前公爵夫人》（*My Last Duchess*）。

比起叙事诗，戏剧诗在情节设置、人物编排上带有诗人较强烈的主观色彩与戏剧色彩。在矛盾设置中，戏剧诗通常体现了诗人的倾向性，褒贬分明；而叙事诗在叙事时笔调较为客观。另外，较于叙事诗，戏剧诗的抒情味也强烈很多，但是戏剧诗又不同于一般的抒情诗。一般抒情诗在抒情中包含诗人的主观情绪，而戏剧诗的抒情则是建立在戏剧性的情节之上，因此情感比较客观和克制，是一种以诗中的戏剧性情节为基础进行表述诗人心意的冷抒情。

第二节　节奏与声韵

欣赏英语诗歌的一个关键是欣赏它的音乐美。诗人在诗歌中广泛地利用了语言中的音乐特征来创作诗歌。在为诗歌选词中，诗人不仅会考虑词的意思，还会考虑词的声音。雪莱曾在《诗辩》（*A Defense of Poetry*）中谈及声音与思想时说：

"诗人的语言总是会有某种划一而和谐的声音之重现。凡是诗情充溢的语言,都遵守和谐重现的规律,同时还注意这种规律与音乐美的关系。"[1]

英语诗歌的语言具有丰富的音乐性,主要是它的节奏(rhythm)和声韵(rhyme)在起作用。一首好诗是节奏和声韵完美和谐的结合。节奏和声韵两个因素共同构成英语诗歌的格律。

一、节奏(rhythm)

节奏是构建英诗音乐美的基石。"节奏"一词源于希腊语,其本意为流动(flow),"流动"就是指从一个点到另一个点张弛有度的运动。大自然本身就充满了节奏,如虫鸣鸟语、海浪拍岸、岩洞水滴、海啸雷鸣等等。人类的劳动和生活中也充满节奏,如跑步、收割、打字、读书等等。从人类的生理上来看,人类的呼吸和运动也是有节奏感的,因此当外在事物的节奏符合生理的自然节奏时,我们就感觉舒服和愉快,否则就浑身不自在。在诗歌中,为了给读者带来心理上和情感上的满足和享受,诗人运用轻重音有规律地搭配形成自然的流动,模拟大自然和人类生理上的规律张弛,由此形成诗歌的节奏。节奏在诗歌中非常重要,是诗歌的呼吸,失去呼吸人不能存活,同样,没有了节奏的诗歌根本就算不上是诗歌,可以说诗歌可以不押韵,但不可没有节奏。有无鲜明的节奏,是诗歌与散文的本质区别之一。英语诗歌的节奏化,就是一首诗歌按一定的规则,对词的轻重音进行排列,使之呈现出抑扬顿挫的感觉。

在创作中,诗歌节奏的轻重缓急要与诗歌所表达的情绪相对应。诗歌节奏是诗人情感的反映。诗中重音占多数则节奏缓慢,悠长绵延;轻音占多数则节奏急促,活泼轻快。低沉徐缓的节奏常用来表达痛苦悲哀的情绪;短促有力的节奏常用来表达慷慨激昂的情绪。只有这样,诗歌的节奏与内容才能真正表里如一,珠圆玉润,达到和谐圆满的境界。诗歌的节奏展现诗歌的旋律感,产生悦耳的音乐效果。

如柯勒律治的《忽必烈汗》(*Kubla Khan*)中的两行诗句:

Five miles meandering with a mazy motion
Through wood and dale the sacred river ran,
……

从这两行诗中我们可以看出诗中重音多,长元音多,模拟河水流速缓慢。

---

[1] 转引侯维瑞:《英语语体》,上海,上海外语教育出版社,1988年版,第208页。

又如彭斯写的《美丽的埃弗顿河》（Sweet Afton），这首诗歌在 19 世纪被谱成一首世界著名的摇篮曲：

Flow gently, sweet Afton! among thy green braes,
Flow gently, I'll sing thee a song in thy praise;
My Mary's asleep by thy murmuring stream,
Flow gently, sweet Afton, disturb not her dream.

Thou stock-dove, whose echo resounds thro' the glen,
Ye wild whistling blackbirds in yon thorny den,
Thou green-crested lapwing, thy screaming forbear,
I charge you disturb not my slumbering Fair.

How lofty, sweet Afton, thy neighbouring hills,
Far mark'd with the courses of clear, winding rills;
There daily I wander as noon rises high,
My flocks and my Mary's sweet cot in my eye.

How pleasant thy banks and green valleys below,
Where, wild in the woodlands, the primroses blow;
There oft, as mild ev'ning weeps over the lea,
The sweet-scented birk shades my Mary and me.

Thy crystal stream, Afton, how lovely it glides,
And winds by the cot where my Mary resides,
How wanton thy waters her snowy feet lave,
As, gathering sweet flowerets, she stems thy clear wave.

Flow gently, sweet Afton, among thy green braes,
Flow gently, sweet river, the theme of my lays;
My Mary's asleep by thy murmuring stream,
Flow gently, sweet Afton, disturb not her dream

这首诗歌轻音节较多，节奏明快，诗中对"Flow gently, sweet Afton"一句反复吟唱，加上首尾两节重复，使诗歌甜美而轻柔，像一首小夜曲轻抚人心，使人安静轻松，倍感温暖亲切。

诗歌的节奏是有规律性的，这也是古人吟诗时摇头晃脑的原因。英语诗句最小的节奏单位叫作音步（foot）。每个音步轻重音节排列的格式，是朗读诗歌时轻重音的依据。以音步为基础，诗中有规律的节奏模式就是韵律（meter）。一个音步的音节数量可能为两个或三个音节，但不能少于两个或多于三个音节，而且其中必须至少有一个是重读音节（stressed syllable）。在英语诗歌中，重读音节和非重读音节（unstressed syllable）按规律交替出现。一般来说，实义词通常重读，它包括名词、动词、形容词、副词、数词和部分代词，尤其是疑问代词和指示代词。虚词通常非重读，它包括助动词、连接词、冠词、前置词和大多数的代词。重读音节为扬（重），在音节上用"–"标示；非重读音节为抑（轻），在音节上用"⌣"标示；音步之间可用"/"隔开。轻重音节的交替出现，产生跌宕起伏、抑扬顿挫、曲折绵延的艺术效果，带给读者美感和享受。

分析英语诗歌的格律就是要先将它划分成音步，识别音步的类型和计算音步的数量。这种音步划分叫作韵律节奏分析（scansion）。这些音步格式的类型通常有：抑扬格（iambus）、扬抑格（trochee）、抑抑扬格（anapaestic foot）、扬抑抑格（dactylic foot）、抑扬抑格（amphibrach）和扬扬格（spondee），其中抑扬格是英语诗歌最常见的音步。

1. 抑扬格（轻重格）

每个音步由一个非重读音节加一个重读音节构成，如英国诗人彭斯的《一朵红红的玫瑰》（*A Red, Red Rose*）就是一首歌谣体诗歌，诗句由四音步与三音步交叉进行，比如：

⌣ – / ⌣ – / ⌣ –   / ⌣ –
As fair / art thou / my bon / nie lass,
⌣ – / ⌣ – / ⌣ –
So deep / in luve / am I：
⌣ – / ⌣ – / ⌣ –   / ⌣ –
And I / will luve / thee still, / my dear,
⌣ – / ⌣ – / ⌣ –
Till a' / the seas / gang dry：

2. 扬抑格（重轻格）

每个音步由一个重读音节加一个非重读音节构成。如英国前浪漫主义诗人威廉·布莱克（William Blake, 1757—1827）的《老虎》（*The Tyger*）为四音步扬抑格（诗行最后音步中缺少一个轻音节），比如：

– ⌣   / – ⌣   / – ⌣   / –
Tyger! / Tyger! / burning / bright

```
  ‿   /  ‿    /  ‿    / ‿
In the  / forests / of the / night
```

3. 抑抑扬格（轻轻重格）

每个音步由两个非重读音节加一个重读音节构成。如雪莱的《云》（*The Cloud*）为二音步与三音步同时使用的抑抑扬格：

```
‿ ‿ ‿         / ‿ ‿ ‿
Like a child  / from the womb,
‿ ‿ ‿         / ‿ ‿ ‿
Like a ghost  / from the tomb,
‿ ‿ ‿    / ‿ ‿ ‿      / ‿ ‿ ‿
I arise  / and unbuild / it again
```

4. 扬抑抑格（重轻轻格）

每个音步由一个重读音节加两个非重读音节构成。如托马斯·胡德（Thomas Hood, 1799—1845）的《叹息桥》（*The Bridge of Sighs*）为两音步扬抑抑格：

```
‒ ‿ ‿         / ‒ ‿ ‿
Touch her not / scornfully,
‒ ‿ ‿         / ‒ ‿ ‿
Think of her  / mournfully
```

5. 抑扬抑格（轻重轻格）

每个音步由一个非重读音节加一个重读音节再加一个非重读音节构成。如下司各特（Walter Scott, 1771—1832）的诗句就是一个四音步抑扬抑格的例子：

```
‿ ‒ ‿         / ‿ ‒ ‿    / ‿ ‒ ‿      / ‿ ‒
O hush thee   / my babie / thy sire was / a knight.
```
（最后一个音步为抑扬格）

6. 扬扬格（重重格）

由两个重读音节构成，其目的主要是为了强调或突出。如拜伦的《我看见你落泪》（*I Saw Thee Weep*）：

```
‒ ‒       / ‒ ‒        / ‒ ‿ ‒     / ‒ ‒
I saw     / thee weep  / — the big / bright tear
```

该诗行最后一个音步即为扬扬格。

在同一首诗中常会出现不同的格律，虽然现代诗常不遵守规范的格律，但是格律分析对朗读诗歌还是有一定的参考价值。

音步除了有类型之分，诗行的长短还需以音步数量来计算，每一个诗行只有一个音步称单音步（monometer）；每一个诗行有两个音步的，称双音步（dimeter）；含有三个音步的，称三音步（trimeter）；以此类推，还有四音步（tetrameter)、五音步、(pentameter)、六音步(hexameter)、七音步(heptameter)、八音步(octometer)。

不同的音步类型和不同音步数目的组合就构成了诗行的诸多变化形式,如五步抑扬格、四步抑扬格等。

二、声韵(rhyme)

声韵也称押韵,是指相同或相似声音在诗行中的重复。这种重复具有明显的音乐效果和结构效果。诗中押韵总是容易引起读者的注意。朗读时,从一个音到下一个与前音相同或相似的音之间,总让我们有一种期待,相似或相同音的出现令我们感到事物的圆满,给我们一种和谐的感觉,觉得事情已完成,已解决。如果一个词和另一个词在两行诗的行尾押韵,通常会给我们一种快感。押韵不仅使诗意显得更清晰,节奏更自然分明,而且使诗歌更容易引起读者的注意。音韵和谐的诗歌便于唱诵,让我们可以追求听力上的美感,同时对诗歌的背诵和记忆也有极大帮助。另外,通过押韵,诗人也可以强调重要的词,对诗歌的感情有集中突出强化的作用,以便更好地表达诗歌的内容;押韵使同一种声音在诗歌中相互回荡,前后呼应、有规律反复,有利于诗歌意境的连贯、和谐、完美,使诗歌的内容更紧凑,思想形象更统一。

1. 尾韵(end-rhyme)

尾韵是最常见、最重要的押韵方式。读诗时我们总是期待诗行结尾韵脚的出现,一旦出现,就像戏剧结尾拉下帷幕,会让我们会感到满足和愉快;如果韵脚没有如期而至,我们就会心悬半空,觉得好像少了点什么,像音乐没到终音,一直处于播放状态。

尾韵有不同的表现形式:

(1)联韵(aabb 型)。如美国诗人亨利·沃兹沃斯·朗费罗(Henry Wadsworth Longfellow, 1807—1882)的《箭与歌》(*The Arrow and the Song*):

I shot an arrow into the air,

It fell to earth, I knew not where;

For, so swiftly it flew, the sight

Could not follow it in its flight

(2)交叉韵(abab 型)。如阿尔弗雷德·丁尼生(Alfred Tennyson, 1809—1892)的《穿越沙洲》(*Crossing the Bar*):

Sunset and evening star,

And one clear call for me!

And may there be no moaning of the bar,

When I put out to sea,

（3）同韵（有的诗押韵，一韵到底）。如下例罗伯特·佛罗斯特（Robert Frost, 1874—1963）的《雪夜林边》（Stopping by Woods on a Snowy Evening）就共用 [i: p] 为韵脚：

The woods are lovely, dark and deep,

But I have promises to keep,

And miles to go before I sleep,

And miles to go before I sleep.

（4）隔行韵（abcb 型）。如伊迪斯·托马斯（Edith M. Thomas, 1854—1925）的《深海的珍珠》（The Deep-sea Pearl）：

The love of my life came not

As love unto others is cast;

For mine was a secret wound —

But the wound grew a pearl, at last

（5）交错韵（abba 型）。如拜伦的《锡雍古堡之歌》（Sonnet on Chillon）：

Eternal Spirit of the chainless Mind!

Brightest in dungeons, Liberty! thou art:

For there thy habitation is the heart —

The heart which love of thee alone can bind;

（6）aaba 韵式。如克里斯蒂娜·罗塞蒂（Christina Rossetti, 1830—1894）的诗行：

Mother's arms under you,

Her eyes above you;

Sing it high, sing it low,

Love me — I love you

2. 首韵或头韵 (alliteration)

首韵是指一行（节）诗中几个词开头的辅音相同，形成押韵。和尾韵一样，头韵体现了诗歌的韵律美，增强语言的节奏性和生动性。有时候头韵还能起到渲染气氛、烘托感情、加强语言感染力等效果。如柯勒律治在《古舟子咏》一诗刚开始时运用 [f]、[b] 与 [s] 作头韵，生动描绘了船在海上轻松航行的景象，通过几个送气的辅音，让读者感受船正在大海上乘风破浪，船上的人儿正感受着清风拂面，听到紧随船尾的波涛拍船的声音，使音韵美和意境美达到了完美的统一：

The fair breeze blew, the white foam flew,

The furrow followed free,

We were the first that ever burst

Into that silent sea

在这三行中，押头韵的［f］重复了七次，［f］是个摩擦送气的清辅音，模仿柔风轻涛的声响，塑造一个恬静辽阔海面的意境；最后两个［s］音，如同微风轻拂海面发出的声音。

3. 行间韵（internal rhyme）

除首韵尾韵外，声韵还包含了行间韵。行间韵是指同一诗行中几个相同音节的词前后出现，形成押韵。行间韵避免了节奏的单调性，起到微妙的韵律效果。如托马斯·纳什尔（Thomas Nashe, 1567—1601）的《春》（*Spring*），诗中"the sweet spring"中的［ɪŋ］多次出现，呈现出一派欢乐祥和的气氛：

Spring, the sweet spring, is the year's pleasant king;

Then blooms each thing, then maids dance in a ring

Cold doth not sting, the pretty birds do sing,

Cuckoo, jug-jug, pu-we, to-witta-woo!

4. 不完全韵（imperfect rhyme）

声韵除使用尾韵及行间韵这些完全韵（perfect rhyme）（词尾重读音节中的元音和其后的元音辅音读音相同）外，还使用不完全韵（imperfect rhyme）或近似韵（approximate rhyme）（指押韵词的发音相似：元音发音相似；元音形状相似而发音不同或相似；元音相同或相似而辅音不同；元音不同而前后辅音相同等），首韵就是一种不完全韵。如果一首诗歌只使用完全韵，那会显得很单调，不完全韵可以作为完全韵的有效补充，使诗人不完全受韵的限制。除首韵外，不完全韵还包括：

（1）谐元音韵或同元音韵（assonance）：指两个或两个以上词的重读元音音素相同或相似，而末尾的辅音音素则不同。如乔治·艾略特（George Eliot, 1804—1886）的《西班牙的吉普赛人》（*Spanish Gypsy*）以下诗行：

Maiden crowned with glossy blackness,

Lithe as panther forest-roaming,

Lone-armed naiad, when she dances,

In a stream of ether floating

其中的尾韵 blackness 和 dances, roaming 和 floating 为谐元音韵。

（2）谐辅音韵或同辅音韵（consonance）：指辅音重复（与头韵有所区别，一般指词尾辅音），但前后元音相似或根本不同。如威尔弗莱德·欧文（Wilfred Owen, 1893—1918）的《不可思议的聚会》（*Strange Meeting*）的诗句：

It seemed that out of battle I escaped

Down some profound dull tunnel, long since scooped

其中 escaped 和 scooped 为谐辅音韵。

（3）眼韵：眼韵指押韵词元音字母相同，读音不同或相似。如西奥多·罗特克（Theodore Roethke, 1908—1963）的《在晦暗的时刻》（*In a Dark Time*）就有这样的眼韵：

The mind enters itself, and God the mind,
And one is One, free in the tearing wind

又如威廉·巴特勒·叶芝（William Butler Yeats, 1865—1939）的诗句：

Many times man lives and dies
Between his two eternities…

第三节　诗歌语言的技艺

英语诗歌的美除了体现在音韵节奏等语音的美外，还有词汇及结构所体现出来的修辞美。诗歌是语言的艺术，在很大程度上，诗歌的魅力来自它的语言。诗歌一直以来都被冠以"文学王冠上的明珠"之称，包含着最精粹的语言，具有独特的审美价值，因此要探索英语诗歌的美妙，就要先解开其语言文字的面纱。虽然从人类社会的发展可以看出，文化与语言是互构的，但在很大的程度上人类文化是受语言结构控制的，语言结构往往决定了一个民族的文化结构，英语诗歌作为人类的文化产物，英语的语言结构往往决定了诗歌结构。一切诗歌的殊妙总根植于特定的语言形式。

语言是人类社会最重要的沟通工具。在社会生活中，要确保人与人之间的交际顺利进行，语言的表达就要流畅而清晰、合乎语法规则和逻辑，在此基础上，如果要达到更完美的表达效果，那么语言就要准确鲜明、生动活泼，才能令人印象深刻。为此，人们充分运用和发挥语言种种因素的作用，对语言进行调整，深度润色，于是产生了修辞手法。

修辞是将语言提升到艺术层面的一个途径，它使语言更具审美价值，以便最大限度地愉悦眼睛和耳朵，让人得到美的享受。修辞的内容和形式的统一体现了美学的和谐协调，修辞的每一种具体有效的活动都是为了最大化运用语言，使其达到最佳表达效果。修辞手法遵循美学原则，符合美学规律，比如隐喻、拟人、通感和夸张等修辞体现出意象美；对比反映出均匀美；排比和反复体现出整体美等等。可见修辞除了有表情达意的功能外，还能给人们带来赏心悦目的美的感受。

一、明喻（simile）

明喻是一种比喻，指具有相同性质或特征的两种事物或现象进行对比，表明这两种事物之间的相似关系。喻体一般是具体而浅显，为人们所熟知的事物，用这样的喻体去说明抽象而深奥、罕见而生疏的本体，以获得传神生动、表情达意的修辞效果。明喻的基本表达方式是"A 像 B"，常用比喻词有 like, as, as if, as though 等，比如：

My heart is like a singing bird
Whose nest is in a watered shoot;

(C. G. Rossetti: *A Birthday*)

I wandered lonely as a cloud

(W. Wordsworth: *I Wandered Lonely as a Cloud*)

O, my luve is like a red, red rose,
That's newly sprung in June,
O, my luve is like the melodie,
That's sweetly pla'd in tune.

(Robert Burns: *A Red, Red Rose*)

二、隐喻（metaphor）

隐喻又称暗喻。不像明喻，隐喻没有明显的比喻关联词和表示对比的词汇，本体与喻体的"像"是隐含在句中的，其表达方法是：A 是 B。隐喻是人类语言中最普遍存在的一种语言现象，并且在诗歌中表现得更为丰富突出。在诗句中，诗人喜欢突破词句之间的习惯联系，把相互之间似乎缺乏联系的词句结合在一起；把一些似乎毫无关联的本体和喻体联系在一起，形成诗歌独特的美，体现诗歌深刻的涵义。隐喻在诗歌中发挥极其重要的作用。克利夫·史戴普·路易斯（Clive Staples Lewis, 1898—1963）认为隐喻是诗歌的生命原则，是诗人的主要文本和荣耀。费内洛沙（Ernest F. Fenellosa, 1853—1908）提到隐喻是自然的揭示者……是诗歌的实质[1]。总之，正如奥尔特加·伊加塞特（Ortega Y Gasset, 1883—1955）所说："诗歌就是隐喻。"[2] 诗人的任务是以一个全新的角度来选取独特的意象，将一些司空见惯的事物以一种似乎是第一次被人看到的方式表现出来，打破读者的固定思维，使人们从习惯的语境中解放出来，从而对世界有更高

1　转引 Rogers, R. *Metaphor*, *A Psychoanalytic View* [M]. University of California Press, 1974.
2　转引束定芳：《隐喻学研究》，上海，上海外国语教育出版社，2000 年版，第 98 – 131 页。

度的认识，也使人们获得美感享受，加深对事物的印象。由此可见，隐喻使思维图像化，避免诗歌平淡和单调。隐喻的美往往体现在我们对诗歌的诠释过程中。现在我们来看一首卡尔·桑德堡（Carl Sandburg, 1878—1967）的诗歌《雾》(*Fog*)：

The fog comes
on little cat feet.

It sits looking
over harbor and city
on silent haunches
and then moves on.

诗中，雾就像一只猫，它踏着猫步，悄悄地到来，坐下来懒懒观望了城市和港口，然后又轻轻上路了。诗人用猫的特性把雾的安静、轻盈、神秘、自由、随意勾勒了出来。

又如朗费罗的诗歌《白昼已殇》(*The Day's Done*)：

The Day is done, and the darkness
  Falls from the wings of Night
As a feather is wafted downward
  From an Eagle in his flight.

在这里，夜被描绘成一只鹰，黑暗的来临犹如鸟儿的羽毛飘落在一地。

三、拟人（personification）

拟人就是把描述人类特性的词用来描述事物，赋予事物人的思想、感情、行为。拟人的表达是最易被理解和接受，也是最易引起共鸣的修辞格。拟人手法使意象更加形象，更有新奇感，更加动态化，从而收到生动活泼的艺术效果。比如雪莱的《挽歌》(*A Dirge*) 中的一个片段：

Rough wind, that moanest loud
Grief too sad for song;
Wild wind, when sullen cloud

Knells all the night long;
Sad storm whose tears are vain,
Bare woods, whose branches strain,
Deep caves and dreary main,
Wail, for the world's wrong!

在这一诗节中，诗人用拟人手段，把风塑造成一个正在声嘶力竭（moanest loud）哭泣的人，他伤心欲绝（grief），不断流泪（tears），营造出一个悲愤的氛围，控诉世界的不公正不道德，撩动读者的心弦，掀起读者的感情波澜。

四、移就（transferred epithet）

移就是把本来应该用来修饰事物甲性质或状态的形容词用来修饰事物乙。移就一般可分为移人于物、移物于人、移物于物三种。最常见的是把本来用来形容人的词组用来修饰事物。移就通过改变词与词之间的搭配关系，造成两个词语成分的错位组合。这种张冠李戴、貌似不合逻辑的组合不但不会使人费解，反而是以移花接木的方式取得了简洁凝练、形象鲜明、寓意深刻的修辞效果，体现出语言运用的灵活和新奇，激发读者的想象力，获得出奇制胜的效果。如托马斯·斯特恩斯·艾略特（Thomas Stearns Eliot）在《荒原》（*The Waste Land*）一诗中写道：

Winter kept as warm, covering
Earth in forgetful snow, feeding
A little life with dried tubers.

诗行中"forgetful"一词是用来形容人的"健忘"，在这里用来修饰雪，大雪纷纷，把整个地面都覆盖住了，大雪掩埋了一切，令人忘却了大地本来的面目，这的确是助人健忘的大雪呀！

五、借代（metonymy）

借代指的是不直接说出某人或某物的名称，而是借用与其密切相关的名称来指代该事物，或用其局部来代替其整体。其中，用来代替的事物叫作借体，被代替的事物叫作本体。英语诗歌中常常运用借代这种修辞，它用小事物来反映大局面，打破语言的呆板单调，使语言更加精炼传神，增加诗歌的趣味性、形象性和可感度。

如詹姆斯·雪利（James Shirley, 1596—1666）的一首诗《死神面前，人人平等》（*Death the Leveller*）中有这样几行：

Scepter and crown
Must tumble down,
And in the dust be equal made
With the poor crooked scythe and spade

诗行中用 scepter（权杖），crown（王冠）代替统治者，以 scythe（镰刀），spade（铲）代替劳动人民。

六、通感（synaesthesia）

通感指各种感觉器官不分界限（即视觉、听觉、味觉、嗅觉、触觉五感相通），不同感觉之间相互沟通交融、彼此挪移转换起来的一种修辞方式。这种移觉的修辞手法是语言艺术化的一种常用手段，它使温度有了颜色，冷暖有了重量，声音也有了形象。通感能够突破语言的局限，化无形为有形，化无声为有声，化无味为有味，增强描述的形象性，创造出新颖的意境，使感情更加具体，丰富审美情趣，起到增强文采，触动人心的艺术效果。如下面的诗句：

A loud perfume, which at my entrance cried
Even at thy father's nose; so were we spied

（John Donne: *Elegy*, IV）

loud 为听觉，perfume 为嗅觉，当两者放在一起，听觉和嗅觉就联通了，使人闻其声而品其味。

Taste the music of that vision pale.

（John Keats: *Isabella*）

这里把听觉转移为味觉了。

Cool the sound of the brook.

而这里，朗费罗（Henry Wadsworth Longfellow）的上述诗句则把听觉转移为触觉，小溪的叮咚响声冷却下来，想象非常新颖。

七、夸张（hyperbole）

夸张是为了强调事物，加强渲染效果，把所描写的人、事、物加以艺术性的扩大或缩小的描述的一种修辞手法。这种"言过其实"的修辞格，其特点是对被描述的事物进行不合乎逻辑或有违常理的描写，其目的是为了给读者留下深刻的印象。这种修辞手法非但没有违背真实，倒是能变抽象为具体，变深奥为浅显，更真实地揭示事物的本质。

如彭斯在《一朵红红的玫瑰》（A Red, Red Rose）中通过夸张描述，表达了主人公对一位少女坚贞不渝的爱情：

And I will luve thee still, my dear,
Till a' the seas gang dry
Till a' the seas gang dry, my dear,
And the rocks melt wi' the sun.

即使海枯石烂，主人公对爱情亦会忠贞如初。

八、矛盾修饰法（oxymoron）

矛盾修饰法是将互不协调或互相矛盾的两个概念合在一起，由此产生特殊的深刻含义的一种修辞手法，这种修辞格突显生命本身的冲突与不协调。被放在一起的两个概念表面看起来是对立的，但是细加揣摩却尽在情理之中。矛盾修辞包含精巧深刻的内容、表达意味深长的思想感情，揭示隽永的人生哲理，产生出乎意外、出奇制胜的艺术效果，从而也体现了客观事物相辅相成，在对立中求统一的辩证关系。比如托马斯·麦克多纳（Thomas MacDonagh, 1878—1916）如下的诗节：

Love is cruel, love is sweet…
Cruel sweet,
Lovers sigh till lovers meet,
Sigh and meet, sigh and again…
Cruel sweet! O sweetest pain!

该诗节通过矛盾修饰法，揭示了爱情的特点：有甜也有苦，甜苦参半。Cruel 和 sweet，sweetest 和 pain 被放在一块同时说明一个事物本来是违反逻辑的，但是诗人正是通过这种富有哲理和谐趣的矛盾语词去激发读者的灵智之光。

九、悖论（paradox）

悖论指的是一个陈述或命题表面看来似乎是自相矛盾、离奇荒诞的，或者违反既定事实、客观真理，但事实上却发现是真实的，有充足合理的理由和依据。悖论利用正反句对比的张力，经过读者细细推敲，显然的矛盾化为隐含的真理，令人一惊一喜。

下面我们来看一例，华兹华斯的《我心雀跃》（*My Heart Leaps Up When I Behold*）：

> My heart leaps up when I behold
> A rainbow in the sky;
> So was it when my life began,
> So is it now I am a man,
> So be it when I shall grow old,
> Or let me die!
>
> The Child is father of the Man;
> And I could wish my days to be
> Bound each to each by natural piety.

乍看起来很荒谬，从逻辑上来讲，孩子怎么会是成人之父呢？这明显是错误的。但是，这里诗人是想要表达一个轮回过程：一个人对大自然的热爱始于婴儿时期，发展于成年时期，成人往往带有幼年时经历的印记，这种情感伴随着人的一生直至死亡。诗人正是用简单的一句话来阐释一个深刻的道理，运用矛盾引出思考，让读者在这种矛盾中感知诗歌的哲理性和诗人深刻的思想。

悖论与前面所讲的矛盾修饰法是不同的。悖论指把两个意义相矛盾的概念组合在句子中，语意与一般人所相信的信念相冲突相对立，两个概念并没有修饰与被修饰的关系，它是句子层次上的修辞格；矛盾修饰法把意义相互对立的两个概念放在短语中，是字词间的冲突与矛盾，两者存在修饰与被修饰的关系，它是短语层次上的修辞格。"I must be cruel only to be kind"（*Hamlet*）使用了悖论；而"kind cruelty"属于矛盾修饰法。因此可以说，悖论是扩展了矛盾修饰法。

十、反语（irony）

反语即所谓的"说反话"，是故意在说话或文章中，使用与本意恰好相反的词语或句子来表达本意的一种修辞方式。这种修辞以反意正说、贬话褒说为特点，表达一种善意的幽默或俏皮，也可以用来进行讽刺。在一定的语言环境中，反语往往比正说、直说更有趣味、更有力量、更加深刻，并且带有强烈的感情色彩。运用反语也使语言表达更独特，使语言富于变化，饶有情趣。

埃德温·阿林顿·罗宾逊（Edwin Arlington Robinson，1869—1935）在诗歌《理查德·科里》（*Richard Cory*）中写道：

Whenever Richard Cory went down town,
We people on the pavement looked at him:
He was a gentleman from sole to crown,
Clean favored, and imperially slim

And he was always quietly arrayed,
And he was always human when he talked;
But still he fluttered pulses when he said,
"Good-morning," and he glittered when he walked

And he was rich — yes, richer than a king —
And admirably schooled in every grace:
In fine, we thought that he was everything
To make us wish that we were in his place

So on we worked, and waited for the light,
And went without the meat, and cursed the bread;
And Richard Cory, one calm summer night,
Went home and put a bullet through his head.

从诗中我们可以看出，理查德·科里（Richard Cory）是个翩翩君子，他光鲜亮丽，谦虚稳重，富可敌国，无所不有，令人羡慕和敬仰。可是这样一个人却在一个夏夜用一颗子弹结束了自己的生命。由此可以看出，字里行间对描述理查德·科里选用的极尽褒扬之辞，都不过是反语，只是为了揭示他精神空虚，让读者看到人生的成功与幸福不能用财富、地位、物质来衡量。

十一、排比（parallelism）

排比也叫平行，它指把结构相同或相似、意义相关、语气一致的短语或句子平行排列的一种修辞手法。排比修辞格具有表达简练、结构整齐、节奏明快、语义突出等特点，它表现力非常丰富，气势上排山倒海，抒发了强烈的感情。我们且看朗费罗的《箭与歌》(*The Arrow and the Song*) 前两个诗节的平行结构：

I shot an arrow into the air,
It fell to earth, I knew not where;
For, so swiftly it flew, the sight
Could not follow it in its flight.

I breathed a song into the air,
It fell to earth, I knew not where;
For who has sight so keen and strong,
That it can follow the flight of song?

Long, long afterwards, in an oak
I found the arrow, still unbroke;
And the song, from beginning to end,
I found again in the heart of a friend.

十二、对比（antithesis）

对比也称对照，是指把两种相反或相对的事物，或者同一事物相反或相对的两个方面放在一起互相比较，以此突出事物的特征、性质和状态，也使表达的意思更加条理分明，同时使逻辑辩证力量更加强大。这种修辞格的作用是句式工整，用语简练，对照鲜明，感情充沛，语义强烈，音韵和谐，具有形式美，韵律美和均衡美。下文是华兹华斯的《她栖居在杳无人迹的地方》(*She Dwelt Among the Untrodden Ways*)：

She dwelt among the untrodden ways
    Beside the springs of Dove,
A Maid whom there were none to praise
    And very few to love:

A violet by a mossy stone
    Half hidden from the eye!
Fair as a star, when only one
    Is shining in the sky

She lived unknown, and few could know
    When Lucy ceased to be;
But she is in her grave, and oh,
    The difference to me!

诗中多处运用对比的修辞格描写一位美丽的少女一生中没有得到任何人的赞美，默默死去的境遇。第二诗节诗人用了两个隐喻来对比：一是把她比喻成美丽的紫罗兰却生长在无人问津的长满苔藓的石头边；二是把她比喻为明亮的星星却孤独闪耀在空中。诗人通过运用对照的方法，突出少女生不为人所知，死不为人所闻的可悲命运。

十三、反复（repetition）

反复是指一个词、一个短语或一个句子的回环往复。语言讲究简洁不啰唆，但是在一定的语言环境中，反复的应用可以加强语气，使语言有起有伏，错落有致，富有节奏，形成韵律，增加语言渲染的气氛，创造出一种"语言的音乐"。

如柯勒律治的《古舟子咏》（*The Rime of the Ancient Mariner*）写道：

Alone, alone, all alone,
Alone on a wide wide sea!

"Alone"的重复表达了所有水手死后，船上只剩下老水手一人，他漂游在茫茫大海中的那种孤寂哀伤之情；重复"wide"，用海之广阔更进一步衬托对比老水手的孤独。一般而言，读者要注意诗歌中多次重复的词句，因为诗人往往通过某些词句的反复来揭示该诗的含义，表达自己的感情。

十四、拟声（onomatopoeia）

拟声也成"摹声"，是指词语模拟人、其他有生命或无生命物体的声音。用拟声修辞格来描述事物，被描绘的对象往往形象逼真，生动自然；用拟声来描绘动作，词语与动作总是融为一体。拟声修辞格方式可增加口头或书面表达的实际音感，从而使语言更具有音韵美，给人以声情并茂的美感。例如布鲁斯·兰斯基（Bruce Lansky, 1941— ）描写雨滴的一首小诗：

Drip drop
Drip drop, drip drop,
darned rain won't stop
Dropping on my windowpane,
it is driving me insane.

诗中通过拟声修辞格"Drip drop"的反复使用来模拟雨滴簌簌下落的场景。

十五、用典（allusion）

用典是指引用典故或史实，这些引用通常出自经典神话、寓言、历史传说、名人轶事、文学名著等带有故事性的词语或词组。这些词语或词组为人们所熟知，诗人将其编织在自己的诗句中，以此支撑自己的观点，表明自己的说法事出有典，言之有理。用典使句子含蓄，文体紧凑，诗句整齐美观，增强诗歌的文化内涵，同时也可以使语言文字更具说服力和感染力。例如亚历山大·蒲柏（Alexander Pope, 1688—1744）的《批评论》（*An Essay on Criticism*）有这样两行诗句：

A little learning is a dangerous thing;
Drink deep, or taste not the Pierian Spring:

其中比埃里亚圣泉（Pierian Spring）源自于希腊神话，意为智慧之泉，喝了该泉的水后，能给人写诗的灵感。诗人借用这个典故，言简意赅，使读者从这个典故中领会诗人的用意。

十六、双关语（pun）

双关就是利用词的一词多义现象或同音异义现象，使词产生诙谐用法的一种修辞格。这种修辞格不仅能达到幽默的效果，更能展现高雅情趣。不能领悟双关语的美妙，就很难读懂语篇的谐趣。

莎士比亚是一位很善于使用双关语的作家。据统计，莎翁在其作品总使用双关语达3000处之多。如《罗密欧与朱丽叶》（*Romeo and Juliet*）中有几行写道：

Not I, believe me. You have dancing shoes
With nimble soles (souls); I have a soul (sole) of lead
So stakes me to the ground. I cannot move.

在这里，"sole"（舞鞋）和"soul"（灵魂）就是双关语。
又如下面一例：

A damsel at Vassar named Breeze,
Weighed down with B. Litt's and D. D.'s,
Collapsed from the strain
Said her doctor, "It's plain
You are killing yourself — by degrees."

"by degrees"是"渐渐地，逐渐地"的意思，而degrees又可以指学位，在这个语境中有"被学位逐渐折磨死"的含义。这首打油诗用诙谐的双关语反映美国大学生为攻读学位而拼命，结果累垮了自己的身体。

第二章　英国诗歌

第一节　英国诗歌简介

一、英诗的起源与英雄史诗（公元 5—15 世纪）

英国诗歌和英语语言一样历史古远、悠长，远可及盎格鲁撒克逊文学时期。盎格鲁撒克逊文学从公元 5 世纪起，一直蓬勃发展，直到 11 世纪来自欧洲大陆的诺曼人征服了英格兰。鉴于盎格鲁撒克逊民族特殊的信仰以及他们所生活的特殊历史时期，这一阶段的文学主要属于口述文学。口述文学一般都是一个民族文学发展史中出现最早的文学形式。这一时期的英国文学出现了融合神话的作品，其中代表作就是长篇史诗《贝奥武甫》（*Beowulf*）。

《贝奥武甫》是这一时期英国文学的代表，其作者已无从考证。这是一部长篇叙事史诗，是英格兰文学的起点。这篇用古英语写成的史诗长达 3183 行，讲述了一个和英国历史文化不相关的冒险故事，这个故事基本内容是英雄人物贝奥武甫勇斗怪物的故事，确切地说可以分为两个部分。第一部分讲述了贝奥武甫年轻时帮助丹麦国王战胜巨怪格伦德尔及其母亲的故事；第二部分则发生在贝奥武甫的晚年，记叙了他与 11 个勇士杀死火龙的事迹，最后主人公贝奥武甫也因此丧命。这首史诗最初是由属于日耳曼民族的盎格鲁撒克逊人从欧洲大陆带到英格兰来的，在英格兰流传的过程中渐渐染上了本土的气息，因此《贝奥武甫》所描绘的社会，带有复杂而多样的特征，既有封建因素也有基督教色彩。而整个诗歌的主题是处于原始阶段的人民，在英明神武的头领的引导下，与大自然中的神秘力量搏斗。这也显示出人类在发展之初的统一状态：对未知的敬畏。贝奥武甫也不是一个单纯靠武装力量取胜的首领，从字里行间可以看出，他的胜利更多的是依靠贯穿全诗的一种无畏无惧的勇敢和随时准备牺牲自己的精神。

《贝奥武甫》描述的是领袖人物的英雄形象，而下层人民群众的生活百态，则在威廉·朗兰德（William Langland, 1330—1400）的《农夫皮尔斯》（*The Vision of Piers the Plowman*）一书中得以展现。《农夫皮尔斯》是英诗中最伟大的诗篇之一，流传下来的版本分别于 1363 年、1371 年和 1395 年写成。诗人采用了中古文学惯用的梦境的意象讲述了这个故事，表达了下层人民对当时英国社会的不满，同时歌颂和赞扬了劳动的高贵以及上帝面前人人平等的观念。全诗采取了头韵体的形式，生动地为读者呈现了 14 世纪英国社会的状况和人民生活的方方面面；既表达了作者对统治阶层和权力中心人群的尖锐讽刺，又流露出对穷苦人民悲惨生活的无限同情。这首诗对 1381 年约翰·保尔（Jone Ball，？—1381）和瓦特·泰勒（Wat Tyler，？—1381）领导的农民起义起到了推波助澜的作用。

  1066 年，诺曼底公爵威廉（William, Duke of Normandy，1027—1087）打败英军，成为英格兰国王，史称威廉一世（William I）。此后 300 年的时间里，法语成为英国统治阶层的语言，教会学者用拉丁文写作，英语只在民众中通用，因此在 12 世纪之前几乎没有用英文写成的文学作品。然而诺曼征服之后，英国的封建制度得到完善，新的社会等级产生。处于统治阶级最高层的是国王，以下为贵族、骑士、大主教、主教和封臣。处于社会底层的则是农民。骑士是社会的中心人物，据传他们英勇善战又风流倜傥，并且颇具侠义精神。他们所体现的骑士风度（Chivalry）成为当时最主要的文学形式——浪漫传奇（Romance）——的基本主题。浪漫传奇有诗的形式，也有散文的形式，其中最著名的要数讲述亚瑟王及其圆桌骑士（*King Arthur and His Knights of the Round Table*）的传奇故事。在这些故事中，情节最为精彩的就是《高文爵士和绿衣骑士》（*Sir Gawain and the Green Knight*）。《高文爵士和绿衣骑士》取材于亚瑟王与圆桌骑士的冒险经历，讲述了高文爵士在新年宴会上接受了绿衣骑士向亚瑟王提出的参加斩首比赛的挑战，进一步展现了当时英国社会流行的骑士精神，歌颂了勇敢无畏和忠贞等美德，是古英语诗歌中使用头韵的代表，是最为精美的长篇诗歌之一。故事的基本内容是高大威猛的绿衣骑士在新年宴会上不请自来，向亚瑟王的骑士们提出斩首挑战，将他的头颅砍下并且在一年后回受他一斧子。高文爵士接受了挑战并成功砍下绿衣骑士的头颅，而绿衣骑士竟然没有死去，他仍然活着的身躯携头颅漫不经心地离开，并要求高文一年后找到他并让他砍掉高文的头颅。一年后，高文遵守诺言出发去寻找绿衣骑士，饥困交加中投宿在一座古堡中。古堡的主人白天出去打猎，晚上回来把自己的猎物与高文的物品交换，高文接受了主人的猎物后却只是回吻了主人。并且女主人在男主人出去打猎时不断诱惑高文，高文都拒绝了，只是接受了女主人赠送的据称可以保护他不受伤害的绿腰带。在最后与绿衣骑士对决的时候，高文才发现原来古堡的主人就是绿衣骑士。骑士连砍三斧，前两下没有伤到高文，只有第三下划破了高文的颈部。绿衣骑士说这么做是为了考验高文是否恪守骑士的原则，前两斧没有伤到高文是因为他前两天都遵守了交换物品的约定，最后一下伤到他是因为他没有把第三天女主人送的腰带如实拿出交换。《高文爵士和绿衣骑士》不仅描写了当时贵族的生活，也赞扬了骑士精神，这在封建制度渐趋没落的 14 世纪有着美好的理性主义倾向。

  纵观整个中世纪英国文学史，成就最为突出的应当是杰弗雷·乔叟（Geoffrey Chaucer，1386—1400）。乔叟是中世纪时期英国诗人的代表，开创了英国现实主义文学的先河，享有"英国诗歌之父"的美誉。以诺曼征服为起点，有文本记录的古英语几乎是瞬间消失；再次出现书写体英语的时候，这门语言已经由古英语（Old English）转变为中世纪英语（Middle English），而乔叟的作品就是中世纪英语文学中的杰出代表，其中要数《坎特伯雷故事集》（The Canterbury Tales）最为出色，堪称英国长篇诗歌中的翘楚。全书由 24 个故事组成，既肯定新事物和爱情，又反对传统的禁锢思想，表现了乔叟的反封建思想和隐隐显现的人文主义气息。

二、文艺复兴（15 世纪末—17 世纪）

在经历过漫长的中世纪之后，欧洲终于迎来了文艺复兴，英国文学也进入一个崭新的蓬勃发展的时期。文艺复兴是欧洲社会从封建制度向资本主义转变的过渡时期，这一时期的一个复杂现象便是处于萌芽阶段的资本主义新势力与仍然占统治地位的封建力量之间的斗争，而文艺复兴时期的英国同样动荡不安，先后经历了英法百年战争（1337—1453）和玫瑰战争（1455—1485），圈地运动和宗教改革之后，英国社会发生了激剧的变化，文学也在这一时期出现了百花齐放的局面。而这时期英国诗歌的发展完全进入了一个崭新的阶段。

以辞藻华丽而著称的宫廷诗人埃蒙德·斯宾塞（Edmund Spenser，1552—1559）是这一时期最伟大的诗人，被誉为"诗人中的诗人"。生于伦敦，毕业于剑桥大学的斯宾塞作诗手法精湛，主要作品有《牧羊人日记》（The Sheapheardes Calendar）、十四行诗集《爱情小唱》（Amoretti）和长诗《仙后》（The Faerie Queene）。《仙后》是斯宾塞最负盛名的诗歌，由六卷长诗组成，语言优美，寓意丰富，主要是歌颂了伊丽莎白女王的丰功伟绩。这六卷长诗均采用同一诗体，由九个抑扬格诗行组成，韵脚为 ababbcbcc，这一由斯宾塞首创的诗体得到了后世诗人的继承和发扬，因而得名"斯宾塞体"（Spenserian Stanza）。

文艺复兴时期还诞生了迄今为止最伟大的英国剧作家和诗人威廉·莎士比亚（William Shakespeare，1564—1616）。莎士比亚创作了 37 部戏剧和 154 首十四行诗，由于当时的剧本都是由诗体写成，所以他的戏剧作品中也不乏优秀的诗歌，例如《哈姆雷特》（Hamlet）中哈姆雷特那段广为人知的独白"To Be or Not to Be"，喜剧《无事生非》（Much Ado about Nothing）中朗朗上口的短诗《姑娘，莫再叹息》（Sigh No More, Ladies）。在莎士比亚创作的 154 首十四行诗中，最被人们提起的一首当属第 18 首（Sonnet 18：Shall I Compare Thee to a Summer's Day）。莎士比亚不仅擅长写戏剧诗，还特别钟情于抒情诗的创作，这一点在他的十四行诗中多有体现。

三、17 世纪

17 世纪的英国诗歌在继续发展文艺复兴诗歌特质的同时，出现了颇具争议的一个诗歌流派——"玄学派诗歌"（Metaphysical Poetry）。对于玄学诗，后人褒贬不一，各有见解。但是不可否认的是，玄学派诗歌为当时的英国诗歌注入了新鲜的血液，丰富并且发展了英国诗歌。玄学诗的特点是新颖独特，比喻和意象都有别于传统诗歌，充满神秘的魅力。玄学派诗歌的代表人物是约翰·多恩（John Donne，1572—1631）和安德鲁·马维尔（Andrew Marvel，1621—1678）。

约翰·多恩原本是一个默默无闻的诗人，因 20 世纪 20 年代他的诗歌被重新提起并受到艾略特的大力推崇而为人所知。多恩先后在牛津和剑桥学习神学、法律、医学和古典文学，知识渊博，涉猎甚广。多恩写作的诗歌类型多样，包括十四行诗、爱情诗、宗教诗、挽歌、歌词等，一改伊丽莎白时期华丽的文风和伤感的气质，大量使用奇特的意象（conceit）和看似牵强附会的比喻（paradox）。其中比较有代表性的诗歌有《跳蚤》（The Flea），以跳蚤引出有关年轻恋人对爱情的争论，其中以跳蚤先后咬了两人因此这二人便已融为一体的奇特想法最为新奇。《别离辞：节哀》（A Valediction: Forbidding Mourning）是一首写给自己妻子的告别诗，多恩用圆规来比喻忠贞不渝的爱情：祸福相依，不离不弃。除了爱情诗，多恩还创作了多首十四行诗，同样，这些诗也饱含复杂的意象和晦涩难懂的比喻，读起来却像哲学一样充满人生哲理。

安德鲁·马维尔是继多恩之后玄学派的代表诗人。毕业于剑桥大学并获文学学士学位的马维尔在玄学诗的创作上与多恩相比有自己的特色。他用词精准，比喻奇特却又贴切，语言幽默诙谐却不失严肃。他一扫传统诗歌中反复被使用的意象，做出了大胆的尝试和令人耳目一新的改革，在玄之又玄的诗歌中加入古典主义意象和宗教说教等庄严的元素，从而使诗歌呈现出磅礴的气势和饱满的热情，同时又不失理智和优美。马维尔诗歌作品不多，但是少数几首却广为传颂至今。提起马维尔就不得不说《致羞涩的情人》（To His Coy Mistress）。在这首诗的开头，诗人便描绘了一幅广阔的画面：时间、宇宙、恒河、洪水……；从永恒的爱情到无垠的沙漠；从犹太人基督教到坟墓灵魂。在极尽夸张之能事之后把全诗的重点缩小到爱情和情欲上，这巨大的落差意在表达渺小的人与广阔的世界之间的对比，从而劝说羞涩的情人珍惜时间，及时行乐。诗中多处对女性身体的描写和比喻也许会让女性主义者产生反对意见，但是却对诗人所呼吁的"及时行乐"（carpe diem）无法反驳。除了爱情诗，马维尔还写了一些田园诗，如《花园》（The Garden），就是理性和浪漫的完美结合。

与马维尔同时期的另一位名垂青史的伟大诗人约翰·弥尔顿（John Milton，

1608—1674），是 17 世纪英国诗歌领域一位举足轻重的人物，也是英国文学史上一位不可忽视的璀璨明星。弥尔顿毕业于剑桥大学，对古希腊罗马文化有颇深的研究；同时，弥尔顿还投身于革命，勤奋工作以致双目失明。弥尔顿在王朝复辟后在政治上不得势，于是把自己的幽愤情绪倾泻在诗歌中，写出了《失乐园》(Paradise Lost)、《复乐园》(Paradise Regained) 这两首流传至今的史诗和希腊式悲剧《力士参孙》(Samson Agonistes)。弥尔顿在《失乐园》中创造的撒旦（Satan）形象有别于人们印象中的定式，而是一个气势宏大、野心勃勃的革命英雄，弥尔顿的撒旦成为世界文学史上一个光辉的形象。

比弥尔顿出生晚一些的全面发展的作家约翰·德莱顿（John Dryden，1631—1700），在诗歌、戏剧、散文、文艺理论、翻译方面均有一些作品流传后世。德莱顿初涉文坛就开始写诗，他的诗歌多与时事结合，后来又主要写讽刺诗（satirical poem），舒适缓和的口语化语言是德莱顿诗歌的显著特点。他最受人称颂的诗歌是《献给塞西莉亚节之歌》(An Ode in Honor of St. Cecilia's Day) 和《亚历山大的宴会》(Alexander's Feast)，这两首诗歌颂了音乐的美和力量，而德莱顿对这两首自己倾注了大量心血的诗的评价也是毫不吝啬。

四、启蒙时期（17 世纪后期—18 世纪中期）

从 17 世纪后期开始，尤其是进入 18 世纪后，英国诗坛呈现出一种明显的变化：追求平和与秩序。而启蒙思想的出现体现了英国社会渴望开启民智，把各个方面生活公开化、公众化的倾向。因此，这一时期的英国文学开始尝试不同的题材和内容，而这些都是与当时的社会习惯和一贯准则不同。这也是 18 世纪英国文学偶尔被指责"淫秽"的主要原因。当时的文学工作者似乎有意拿民众难以启齿的事情作为写作对象，并且一改往日只拿女性作为焦点的传统，把男性也纳入文学作品中使之成为公众注意的对象。这一时期英国诗坛最受瞩目的诗人是亚历山大·蒲柏（Alexander Pope，1688—1744），他同时也是英国历史上第一位职业作家。蒲柏是天主教教徒，因此无法进入学校学习，所以他基本上是自学成才。蒲柏 16 岁就开始尝试写诗，23 岁发表《批评论》(An Essay on Criticism)，一举成名。蒲柏成为职业作家是因为受到宗教迫害，不能担任公职，因此才以写作为生，并且大获成功。蒲柏还翻译了荷马史诗《伊利亚特》(Iliad) 和《奥德赛》(Odyssey)，获得出版同时也收获了财富和名声。蒲柏的写作水平高超，尤其是对英雄双行体诗（Heroic Couplet）的运用可谓是炉火纯青，在 18 世纪的英国诗坛无人能及。蒲柏写作的范围广泛，题材丰富多样，他提倡新古典主义，适应了当时倡导理性的启蒙运动的大趋势。

五、18 世纪

18 世纪后半期的英国诗歌涌现了奥利弗·高德史密斯（Oliver Goldsmith）、詹姆斯·汤普森（James Thomson）、托马斯·格雷（Thomas Grey）等一批风格各异的优秀诗人，但是，这一时期的诗人们有一个共同点，就是多爱好创作田园诗。17 世纪，弥尔顿以田园诗的形式创作的《利西达斯》（Lycidas）中出现了牧人、仙女等形象，墓园挽歌的形式已出现雏形。18 世纪后期，挽歌的发展彻底突破了传统挽歌悼念死者的局限，把哀伤和抒情结合起来用以表达对死亡以及整个世界的哀怨，成为风行一时的诗歌体裁。

奥利弗·高德史密斯（Oliver Goldsmith, 1730—1774）出生于爱尔兰，在都柏林三一学院学习，曾游历欧洲，回国后写了《关于欧洲纯文学现状的探讨》，由此声名鹊起。而真正使他备受瞩目的是《中国人信札》（The Citizen of the World）。高德史密斯是个多才多艺的作家，他的作品不仅数量大，体裁上也是丰富多彩的，包括散文、小说、戏剧、诗歌等。其中小说《威克菲尔德牧师传》（The Vicar of Wakefield）已成为世界名著。高德史密斯第一部重要的诗是《旅行者》（The Traveler），紧接着就是感伤主义文学的代表作《荒村》（The Deserted Village）以及《报复》（Retaliation）。他描写乡村的长诗《荒村》，语言生动朴实，音韵优美，诗人主要借诗歌表达了对农村闲适的田园生活的向往和对圈地运动后乡村没落的惋惜。

同是写英国乡村的风貌的诗人詹姆斯·汤普森（James Thomson, 1700—1748）毕业于爱丁堡大学，1725 年去了伦敦并且写下《四季》（The Seasons），迎合了当时给田园生活写赞歌的风尚。他的《四季》由春、夏、秋、冬四组诗组成。

托马斯·格雷（Thomas Gray, 1716—1771）是 18 世纪英国古典诗歌的典型代表，以他为主的"墓园派"（The Graveyard School）把感伤主义（Sentimentalism）发展到极致。格雷出生于伦敦，毕业于剑桥大学，并在剑桥大学担任过历史和语言教授，醉心于读书。格雷是一个淡泊名利的人，曾经谢绝了桂冠诗人的称号。他曾经与霍勒斯·沃波尔（Horace Walpole, 1717—1797）一起游历欧洲，回到英国后写下了他一生中为数不多的诗歌中最著名的一首——《墓园挽歌》（Elegy Written in a Country Churchyard）。这首挽歌语言精雕细琢，结构严谨完整，是新古典主义的典范作品。在内容上，格雷着重体现新古典主义崇尚理性的精神，却表达深切的浪漫主义情感，把这原本矛盾的二者完美地结合在一起。《挽歌》的音韵形式也是格雷精心选择的，大量的长音词恰当地烘托了全诗的哀婉气氛。《墓园挽歌》的哀叹对象并非死者或死亡，而是流逝的光阴，潦倒的农民；

诗人表达的是自己对农民的同情，同时又觉得农民只有这样才能免于遭遇更大的灾难，这种矛盾无奈的情绪使全诗笼罩在哀伤的氛围中。

六、浪漫主义时期（1798—1832）

因其诗歌中哀伤婉转的情绪，托马斯·格雷曾经一度被称作"先浪漫派"（Pre-Romantic），而紧随其后的诗人们就造就了英国诗歌史上辉煌璀璨的浪漫主义时期。

罗伯特·彭斯（Robert Burns，1759—1796）是苏格兰文学史上最伟大的诗人。农民出身的彭斯一生都没有摆脱这个身份，这也是他成功的重要原因。1759年出生于一个贫穷的农民家庭，彭斯一生都在田间劳作，这为他的诗歌创作积累了大量的素材，而乡村也一直是他创作灵感的源泉。他从小爱好民歌，而田间地头的劳作又为他发展这一爱好提供了场地和机会。1786年，彭斯为了去西印度群岛谋生而筹集差旅费，第一次把自己多年写的诗收集到一起，出版了第一本《诗集》（Poems）。这一本诗集中的诗多用苏格兰方言写成，加上彭斯朴实无华的风格，人们瞬间被他吸引，彭斯一举成名。后来他搬去爱丁堡居住，仍然坚持四处游历，搜集民歌。经过他的努力，三百多首即将失传的古老民歌免于被遗忘的命运，幸运地保留了下来，这也是彭斯对英国文学做出的伟大贡献。彭斯的诗歌大多简短，多根据民歌改编，因此几乎每一首都适合歌唱。其中《一朵红红的玫瑰》（A Red, Red Rose）几乎成了彭斯的名片，这首爱情诗以简洁直白的语言、朗朗上口的音律、明快鲜亮的气氛一直为读者所爱，而红玫瑰也成了爱情的象征。《友谊地久天长》（Auld Lang Syne）则是一首歌颂友谊的怀旧诗，是彭斯根据民间流传的版本进行修改和提炼之后写成的脍炙人口的诗歌。后人将此诗配上音乐，成为全世界人民熟知的一首歌，这首歌也是英语国家新年必唱曲目。除了风格自然纯朴的抒情诗，彭斯还擅长写讽刺诗，向往法国大革命和反对英格兰给彭斯的讽刺诗写作提供了灵感。

威廉·布莱克（William Blake，1757—1827）是诗人、画家，同时也是一个神秘主义者。他精通雕版、绘画、写诗，是一个多才多艺、一精多专的人。布莱克一直向往波澜壮阔的法国大革命，却不相信法国革命的理论基础，对卢梭和伏尔泰等人的学说嗤之以鼻。布莱克把理性的信念与冷静的思考写进诗歌中，创作出了《天真之歌》（Songs of Innocence）、《经验之歌》（Songs of Experience）、《弥尔顿》（Milton）、《四天神》（The Four Zoas）等名作流传后世。这些诗歌语言简单精炼，道理却直白深刻，对比强烈。这些特点使布莱克被认为是浪漫主义的先驱，他简洁的文风和对诗艺的高超驾驭能力也为浪漫主义诗人们所称道。

1789年，华兹华斯与柯勒律治合作的《抒情歌谣集》出版，标志着英国文学与古典主义的决裂和浪漫主义的正式开端。

威廉·华兹华斯（William Wordsworth，1770—1850），是英国文学史上最重要的人物之一，也是英国浪漫主义运动中最伟大和影响力最大的人之一。他获得了英国桂冠诗人的称号，擅长歌谣、叙事诗、抒情诗、十四行诗和颂歌等各种诗歌体裁，主要的作品包括《抒情歌谣集》（*Lyrical Ballads*）、《序曲》（*The Prelude*）等。华兹华斯的诗歌中充满了静谧和哲理，柯勒律治（Samuel Taylor Coleridge，1772—1834）则更偏爱大自然神秘莫测的特质。柯勒律治出生于一个乡村牧师家庭，自幼熟读古希腊罗马文学哲学经典，并在剑桥大学学习古典文学。他不仅是与华兹华斯齐名的浪漫派诗人，还是文艺理论家和批评家。其代表作品除了与华兹华斯合作发表的《抒情歌谣集》，还有《忽必烈汗》（*Kubla Khan*）和《文学传记》（*Biographia Literaria*）等。载于《抒情歌谣集》中的《古舟子咏》（*The Rime of the Ancient Mariner*）是柯勒律治的代表作，与众不同的风格和神秘的色彩使它成为英国浪漫派诗歌中的另类，也是英国诗歌的宝贵遗产。《忽必烈汗》的内容并非如题目所示，这首诗是诗人梦中的片段，诗人全凭幻想写出了这部浪漫奇特的诗篇。《文学传记》是柯勒律治所作的文学评论集，其见解博大精深，尤以对想象（imagination）与幻想（fancy）的区别著名。

比起两位浪漫派的开山诗人，另外三位浪漫派诗人拜伦、雪莱和济慈不仅在年纪上稍晚一些，他们的思想境界和成诗风格也与前两位大相径庭。华兹华斯和柯勒律治倡导归于自然，他们的诗歌充满平静与祥和，对自然虚位以待并倡导消极避世；拜伦、雪莱和济慈则更激进地战斗，与被法国大革命惊吓到的英国社会背道而驰。拜伦在《恰尔德·哈罗尔德游记》（*Childe Harold's Pilgrimage*）和《唐璜》（*Don Juan*）中塑造了一系列"拜伦式英雄"，并且一生践行自己的理想信条，参加了希腊的民族解放运动；雪莱自幼就显出的叛逆使他与家庭、学校及教会决裂，这一特质贯穿他的诗歌作品：《解放了的普罗米修斯》（*Prometheus Unbounded*）、《西风颂》（*Ode to the West Wind*）等等；与雪莱一样英年早逝的济慈是一位敏感深邃的诗人，他一边用美丽的音韵和形象勾勒自己的诗歌，一边又清醒地记录现实世界，广为传颂的《夜莺颂》（*Ode to a Nightingale*）、《希腊古瓮颂》（*Ode on a Grecian Urn*）、《忧郁颂》（*Ode on Melancholy*）等不朽诗篇都充满鲜明的对比和诗人矛盾的内心。

七、维多利亚时期（19世纪30年代—1918年）

进入维多利亚时期后，英国文学开启了新篇章，现实主义成为文学讨论的焦点，而被浪漫派抛弃的社会伦理和道德在此回到主流当中。维多利亚时期是英国经济和资本爆发的时期，此时英国成为世界第一大国，整个社会所信奉的是辛勤、努力和自救；同时在社会蓬勃发展洪流中出现的还有因为社会剧烈改变和价值转换带来的不安。因此，此时出现的文学作品并没有如预期的那样集中对辉煌的帝国进行歌功颂德，而大多数作品倾向于怀念旧制度和旧秩序。阿尔弗雷德·丁尼生（Alfred Tennyson, 1809—1892）是这一时期的著名诗人，曾获得桂冠诗人的称号，在其漫长的创作生涯中留给后世大量的抒情诗、叙事诗和哲理诗，丁尼生在剑桥的挚友哈勒姆22岁时突然去世深深地影响了他的诗歌创作，怀旧和悼念成为丁尼生诗歌的主题，《悼念》（In Memoriam）、《尤利西斯》（Ulysses）、《国王叙事诗》（The Idylls of the King）是丁尼生的代表作品，其中《悼念》是为纪念挚友哈勒姆所作，诗中表达了对友人的深切悼念，感情真挚，并由此上升为对生活和人类命运的思考和忧虑，引起读者的共鸣。

罗伯特·勃朗宁（Robert Browning, 1812—1889）是与丁尼生齐名的维多利亚时期的代表诗人，他对英国诗歌的突出贡献就是创造出一种崭新的诗歌体裁，即"戏剧独白"（Dramatic Monologue）。勃朗宁的著名作品《我已故的公爵夫人》（My Last Duchess）是戏剧独白的杰出代表，也体现了勃朗宁诗歌隐晦难懂的特点。但这种让人物自己口述的方法使诗歌变得生动，在抒发情感方面更为畅快和浓烈。

马修·阿诺德（Matthew Arnold, 1822—1888）出身于教师家庭，自幼接受良好教育，牛津大学毕业后参政，后来一直从事教育事业。阿诺德著作丰富多样，有文学评论、诗歌，涉及文学、社会、宗教等各个方面。他的著名诗歌有《学者吉普赛》（The Scholar-Gipsy）、《多佛海滩》（Dover Beach）、《夜莺》（Philomela）、《被遗弃的美人鱼》（The Forsaken Merman）等。处于社会新思潮冲击之下的阿诺德敏锐地捕捉到了时代的脆弱之处，在《多佛海滩》中表达了自己对时代转变之快的不适应。

八、现代主义文学时期（1918—1945）

英国的现代主义诗歌在"一战"之后迅速发展起来，这一时期涌现出大量为当代人所熟悉的诗人：叶芝、劳伦斯、艾略特、哈代、奥登等等。其中以威廉·巴特勒·叶芝（(William Yeats Butler, 1865—1939）最具代表性。叶芝从唯美主义向现代主义跨出了一大步，并且超越现代主义，被公认为20世纪上半叶英国最重要的诗人。叶芝一生诗作丰富，流传于世的大多是爱情诗，其中《当你老了》（When You Are Old）更是以优美的辞藻和略带忧伤的气氛广为传颂。此外，作为一个神秘主义者的叶芝也把这一气质注入诗歌中，使神秘主义与爱尔兰民族的特质一起成为叶芝诗歌的两个主题。

托马斯·斯特恩斯·艾略特（Thomas Sterns Eliot, 1888—1965）是20世纪对英语诗歌影响最大的人，他用自己的诗歌和文学评论体系把自己对诗歌的理解渗透到整个诗歌领域，影响至今仍在。其划时代的代表作《荒原》（*The Waste Land*）为我们呈现了一幅充满死亡气息的画面，艾略特向世人揭露了精神荒芜和信仰缺失是多么的可怕。艾略特的首部诗集《普鲁弗洛克及其他》（*Prufrock and Other Observations*）就受到评论家的好评，《荒原》的出版使他一跃成为现代主义的先锋；《空心人》（*The Hollow Men*，1925）、《圣灰星期三》（*Ash-Wednesday*，1930）以及一组出色的长诗《四个四重奏》（*Four Quartets*，1935—1942）这一系列的作品使出身美国的艾略特成为英国诗坛的领军人物。

威斯坦·休·奥登（Wystan Hugh Auden，1907—1973）深受艾略特、庞德等现代派诗人的影响，比艾略特更为激进。奥登是英国左翼青年领袖人物，并且在欧洲大陆接触了马克思主义和弗洛伊德的学说，他把左派的政治倾向与弗洛伊德的精神分析一起融入到了文学创作中去，因此奥登的诗歌在内容上更加丰富深刻，语言和体裁也更为多样。《西班牙》（*Spain*，1937）和《战争时期》均是奥登为声援抗战的人民所作；《美术馆》是一首以轻松幽默的语言诉说深沉情绪的诗；《悼念叶芝》（*In Memory of W. B. Yeats*）是奥登为悼念叶芝所作，从歌颂叶芝入手扩大到对诗人当前的使命的探讨。

九、当代英国诗歌（1945—）

两次世界大战的相继发生迫使人们开始重新思考自己存在的意义，这一点也深刻地反映在文学作品中。"二战"结束之后，英国文学从现代主义迈进后现代主义，自由主义成为文学创作的新规则。诗歌在与其他艺术形式交互发展的过程中，逐渐涌现后现代主义、象征主义、意象主义、超现实主义和实验主义等流派，诗坛发展呈现鲜明的多元化趋势。20世纪后半段，英国诗歌在威尔士、爱尔兰和苏格兰等地区蓬勃发展，代表诗人包括迪兰·托马斯（Dylan Thomas，1914—1953）、菲利普·拉金（Philip Larkin，1922—1985）、泰德·休斯（Ted Hughes，1930—1998）、谢默斯·希尼（Seamus Heaney，1939—2013）。

托马斯是这一时期最耀眼的天才诗人，年少成名却英年早逝，留下大量诗歌、小说、剧作。他的诗集《死亡与出场》（*Death and Entrances*）（1946）揭示了他诗歌的主题：生与死。在《死亡也一定不会战胜》（*And Death Shall Have No Dominion*）和《不要温柔地走进那个良夜》（*Do Not Go Gentle into That Good Night*）两首诗中，托马斯对死亡的描写脱离了神秘主义的束缚，与现世生活接轨，直接鲜明地表达自己对死亡的愤慨。

泰德·休斯是英国的桂冠诗人，也是那个时代最好和最具争议的诗人之一。休斯生于约克郡，并在剑桥大学获得了文学学士学位。他的第一本诗集《雨中的鹰》（*The Hawk in the Rain*，1957）一出版就获得了较好的反响，休斯也凭借它获得哈珀出版奖（Harper Publication Contest）。1959 年，他的第二本诗集《牧神节》（*Lupercal*）获得毛姆奖（The Somerset Maugham Award）和霍桑登奖（The Hawthornden Prize），进一步巩固了他在战后诗坛的地位。休斯的诗歌态度严谨，风格鲜明，大部分作品都反映了他在"二战"后的痛苦心理。

菲利普·拉金出生于英国考文垂，毕业于牛津大学。拉金是继艾略特之后最重要的现代派诗人，在 20 世纪下半叶成为英国诗坛的主宰。他的四部诗作：1945 年的《北方船》（*The North Ship*）、1955 年的《较小之欺诈》（*The Less Deceived*）、1964 年的《降灵节婚礼》（*The Whitsun Wedding*）和 1974 年出版的《高高的窗子》（*High Window*），奠定了他在诗坛的地位。在这些诗歌中，拉金讨论了对死亡、消失的恐惧。他融合了传统与后现代诗歌的特征，并且继承了传统诗歌的格式与韵律，这种在诗歌技艺和创作态度上回归传统的做法使拉金在战后惶恐的环境中受到了广泛的欢迎。

谢默斯·希尼是爱尔兰诗人，生于爱尔兰北部德里郡毛斯邦县一个虔信天主教的农民家庭，1995 年获得诺贝尔文学奖。希尼在贝尔法斯特女王大学念书期间，成为"北方诗人"一代中的一员。毕业后他当过一年教师，在这期间他大量阅读爱尔兰和英国的现代诗歌，从中寻找将英国文学传统和德里郡乡间生活经历结合起来的途径。1966 年，希尼出版了第一本诗集《一位自然主义者之死》（*Death of a Naturalist*）并一举成名。他的诗歌把英国文学传统和爱尔兰民间乡村生活结合起来，以现代文明的眼光，冷静地分析品味着爱尔兰民族精神。1969 年，第二本诗集《通向黑暗之门》（*Door into the Dark*）的发表，标志着诗人开始继续发掘爱尔兰民族历史中的黑暗面。希尼创作的最高峰是在 20 世纪 70 年代和 80 年代，在这期间他发表的重要诗集有《北方》（1975）、《野外工作》（1979）、《苦路岛》（1984）、《山楂灯笼》（1987）、《幻视》（1991）及《诗选》（1980）等。希尼的笔触细致，描写入微，文字淳朴自然，是他对自己出生的乡村怀有极深感情的最好体现。

第二节　重要诗人概述及其经典作品

一、杰弗雷·乔叟（Geoffrey Chaucer，1340—1400）

杰弗雷·乔叟被誉为整个中世纪英国诗坛最杰出的诗人，也是第一位被葬在威斯特敏斯特大教堂诗人角的诗人。乔叟出生在一个商人家庭，当过国王侍从，早年曾随军出征到欧洲大陆，出使过欧洲多个国家。晚年的乔叟担任宫廷产业管理员，据说于 1400 年 10 月 25 日逝世于伦敦，而死因没有确定的结果，因此受到后人的多种猜测。

乔叟一生的作品不多,主要有《坎特伯雷故事集》(The Canterbury Tales),其他作品有《声誉之宫》(The House of Fame)、《公爵夫人之书》(Book of the Duchess)、《百鸟议会》(The Parliament of Fowles)、《特洛伊罗斯与克丽西达》(Troilus and Criseyde)、《贤妇传说》(The Legend of Good Women)等。乔叟的诗歌创作可分为三个时期:第一个时期受法国影响较深,这一时期的作品主要是模仿并翻译法国的文学作品,《公爵夫人之书》即在这时写成,同时他还首次用伦敦方言翻译了法国的中世纪长篇小说《玫瑰传奇》(Romance of the Rose);第二个时期,乔叟在多次出访欧洲之后接触了资产阶级进步思想,从而创作出《百鸟议会》、《特罗伊勒斯和克莱西德》和《贤妇传说》这些体现他人文主义思想的作品;第三个时期是乔叟创作的成熟期,《坎特伯雷故事集》就是在这一时期成就,无论在内容还是体裁上都达到了顶峰,并且乔叟首创的"英雄双行体诗"(Heroic Couplets)被后来的诗人广泛采用。

乔叟晚年创作的《坎特伯雷故事集》不仅是他最优秀的作品,也是英国长篇诗歌中的瑰宝。这篇长诗是由前往坎特伯雷路上的朝圣者们讲述的24个故事组成,而朝圣者们的身份多样,包括骑士、商人、僧侣、医生、律师、农民、手工匠人等来自各个社会阶层的人物。这种多个故事汇编的形式并不是乔叟首创,薄伽丘(Giovanni Boccaccio,1313—1375)的《十日谈》(Decameron)也是十个人讲的故事组成的。而乔叟优于薄伽丘之处在于他不仅让人们对故事感兴趣,对讲故事的人同样感兴趣。由于讲故事的人们身份不同,他们讲的故事内容与体裁也五花八门,按体裁可分为骑士传奇、动物寓言、道德和宗教训诫书、滑稽诗、圣徒传等;内容包罗万象,雅俗共存。受益于出使过欧洲的经历,乔叟成为最早接受和传播人文主义思想的英国文学家。《坎特伯雷故事集》以幽默的语言和讽刺的口吻,展现了资本主义萌芽时期英国社会的状况,揭露了教会的虚伪腐败,反对禁欲主义,歌颂世俗爱情,表达了乔叟的反封建思想和人文主义精神。

【经典诗歌鉴赏】

The General Prologue
(From *The Canterbury Tales*)

Whan[1] that April with his[2] shoures soote
The droghte[3] of March hath perced[4] to the roote,

---

1. when.
2. its.
3. dryness.
4. pierced.

And bathed every veyne in swich[1] licour[2],
Of which vertu engendred is the flowr[3];
Whan Zephirus eek[4] with his sweete breeth[5]
Inspired hath in every holt[6] and heeth[7]
The tendre croppes, and the yonge sonne
Hath in the Ram his halve cours yronne,
And smale[8] foweles[9] maken melodye
That slepen al the nyght with open ye[10]—
So priketh hem[11] Nature in hir[12] corages[13]—
Thanne[14] longen[15] folk to goon[16] on pilgrimages,
And palmeres for to seeken[17] straunge strondes,
To ferne halwes, couthe[18] in sondry[19] londes;
And specially from every shires ende
Of Engelond[20] to Caunterbury they wende[21],
The hooly blisful[22] martyr for to seeke,
That hem hath holpen[23] whan that they were seke[24],

---

1 such.
2 moisture.
3 flower.
4 also.
5 breath.
6 grove.
7 field.
8 small.
9 birds.
10 eye.
11 them.
12 their.
13 hearts.
14 then.
15 long.
16 go.
17 seek.
18 known.
19 various.
20 England.
21 travel.
22 blessed.
23 helped.
24 sick.

Bifel[1] that in that seson[2] on a day,
In Southwerk at the Tabard as I lay,
Redy[3] to wenden[4] on my pilgrymage
To Caunterbury with ful devout corage[5],
At nyght was come into that hostelrye[6]
Wel nyne and twenty in a compaignye[7]
Of sondry folk, by aventure[8] yfalle[9]
In felaweshipe[10], and pilgrimes were they alle,
That toward Caunterbury wolden[11] ride.
The chambres and the stables weren[12] wide,
And wel we weren esed atte beste.
And shortly[13], whan the sonne was to[14] reste,
So hadde I spoken with hem everichoon[15]
That I was of hir felaweshipe anoon[16],
And made forward[17] erly[18] for to rise,
To take oure wey ther as I yow devise[19].

But nathelees[20], whil I have tyme and space,

---

1 befall.
2 season.
3 ready.
4 depart.
5 heart.
6 inn.
7 company.
8 chance.
9 fallen.
10 fellowship.
11 would.
12 were.
13 in brief.
14 at.
15 everyone.
16 at once.
17 agreement.
18 early.
19 describe.
20 nevertheless.

Er¹ that I ferther in this tale pace²,
Me thynketh it acordaunt to resoun
To telle yow al the condicioun³
Of eech⁴ of hem, so as it semed me,
And whiche they weren, and of what degree,
And eek in what array⁵ that they were inne:
And at a knight than wol⁶ I first bigynne⁷.

A Knight ther was, and that a worthy man,
That fro the tyme that he first bigan
To riden out, he loved chivalrye,
Trouthe and honour, fredom and curteisye.
Ful worthy was he in his lordes werre,
And therto hadde he riden, no man ferre⁸,
As wel in cristendom as in hethenesse,
And evere honoured for his worthinesse.

At Alisandre he was whan it was wonne;
Ful ofte tyme he hadde the bord bigonne
Aboven alle nacions in Pruce;
In Lettou had he reised⁹ and in Ruce,
No cristen man so ofte of his degree¹⁰;
In Gernade at the sege¹¹ eek hadde he be¹²
Of Algezir, and riden in Belmarye;
At Lyeys was he and at Satalye,
Whan they were wonne; and in the Grete See
At many a noble armee hadde he be.

---

1 before.
2 proceed.
3 condition.
4 each.
5 clothing.
6 will.
7 begin.
8 further.
9 campained.
10 rank.
11 siege.
12 been.

At mortal batailles hadde he been fiftene,
And foughten for oure feith at Tramissene
In listes thries [1], and ay [2] slayn his fo [3].
  This ilke [4] worthy knyght hadde been also
Somtyme with the lord of Palatye
Again [5] another hethen [6] in Turkye ——
And everemoore he hadde a sovereyn pris;
And though that he were worthy, he was wis [7],
And of his port [8] as meeke as is a maide.
He nevere yit [9] no vilainye [10] ne saide
In al his lyf unto no maner wight:
He was a verray [11], parfit [12] gentil [13] knight.
But, for to tellen yow of his array,
His hors [14] were goode, but he was nat gay.
Of fustian [15] he wered [16] a gipoun [17]
Al bismotered [18] with [19] his haubergeoun,
For he was late [20] come from his viage [21],

---

1   thrice.
2   always.
3   foe.
4   same.
5   against.
6   heathen.
7   wise.
8   demeanor.
9   yet.
10   rudeness.
11   true.
12   perfect.
13   noble.
14   horse.
15   thick cloth.
16   wore.
17   tunic.
18   rust-stained.
19   by.
20   lately.
21   expedition.

And wente for to doon¹ his pilgrimage.
  With him ther was his sone, a yong Squier,
A lovere and a lusty² bacheler,
With lokkes crulle³ as⁴ they were laid in presse.
Of twenty yeer of age he was, I gesse⁵.
Of his statue he was of evene⁶ lengthe,
And wonderly delivere⁷, and of greet⁸ strengthe.
And he hadde been som⁹ time in chivachye¹⁰
In Flanders, in Artois, and Picardye,
And born him wel as of so litel space,
In hope so stonden¹¹ in his lady¹² grace.
  Embrounded was he as it were a mede,
Al ful of fresshe¹³ flowres, white and rede¹⁴;
Singing he was, or floiting, al the day:
He was as fressh as is the month of May
Short was his gown with sleeves longe and wide.
Wel coude¹⁵ he sitte on hors, and faire ride;
He coude songes make, and wel endite,
Juste¹⁶ and eek daunce, and wel portraye¹⁷ and write.
So hote he loved that by nightertale¹⁸.

---

1   make.
2   vigorous.
3   curly locks.
4   as if.
5   guess.
6   moderate.
7   agile.
8   great.
9   some.
10   expedition.
11   stand.
12   lady's.
13   fresh.
14   red.
15   knew how to.
16   joust.
17   sketch.
18   at night.

He slepte namore[1] than dooth[2] a nightingale.
Curteis[3] he was, lowely[4], ans servisable,
And carf biforn[5] his fader[6] at the table.

  A Yeman hadde he and servants namo[7]
At that time, for him liste ride so;
And he was clad in cote[8] and hood of greene.
A sheef of pecok arwes, bright and keene,
Under his belt he bar[9] ful thriftily[10];
Wel coude he dreese his takel yemanly:
His arwes drouped[11] nought with fetheres[12] lowe.
And in his hand he bar a mighty bowe.
A not-heed[13] hadde he with a brown visage.
Of wodecraft wel coude[14] he al the usage.
Upon his arm he bar a gay[15] bracer,
And by his side a swerd[16] and a bokeler[17],
And on that other side a gay daggere,
Harneised wel and sharp as point of spere[18];
A Christophre on his brest[19] of silver sheene;
An horn he bar, the baudrik[20] was of greene.

---

1   no more.
2   does.
3   courteous.
4   humble.
5   before.
6   father.
7   no more.
8   coat.
9   bore.
10   properly.
11   drooped.
12   feathers.
13   close-cut head.
14   knew.
15   bright.
16   sword.
17   buckler.
18   spear.
19   breast.
20   baldric.

A forster was he soothly¹ as I gesse.
   Ther was also a Nonne, a Prioresse,
That of hir² smiling was ful simple³ and coy⁴.
Hir gretteste ooth⁵ was but bu sainte Loy!
And she was cleped⁶ Madame Eglantine.
Ful wel she soong⁷ the service divine,
Entuned⁸ in hir nose ful semely;
And Frenssh⁹ she spak¹⁰ ful faire and fetisly,
After the scole of Stratford at the Bowe —
For Frenssh of Pariswas to hire unknowe.
At mete¹¹ wel ytaught was she withalle¹²:
She leet¹³ no morsel from hir lippes falle.
Ne wette hir fingres in hir sauce deepe;
Wel coude she carye¹⁴ a morsel, and wel keepe
That no drape¹⁵ ne fille¹⁶ upon hir brest.
In curteisye was set ful muchel hir lest.
Hir over-lippe wiped she so clene¹⁷
That in hir coppe¹⁸ ther was no farthing¹⁹ seene

---

1   truly.
2   her.
3   sincere.
4   mild.
5   oath.
6   named.
7   sang.
8   chanted.
9   French.
10   spoke.
11   meals.
12   besides.
13   let.
14   carry.
15   drip.
16   should fall.
17   clean.
18   cup.
19   bit.

Of grece [1], whan she dronken hadden hir draughte [2];
Ful semely after hir mete she raughte [3].
And sikerrly [4] she was of greet disport,
And ful plesant, and amiable of port,
And pained hire to countrefete cheere
Of court, and to been statlich [5] of manere [6],
And to been holden digne of reverence.
But, for to speken of hir conscience [7],
She was so charitable and so pitous [8]
She wolde [9] weepe if that she saw a mous [10]
Caught in a trappe, if it were deed [11] or bledde [12].
Of smale houndes hadde she that she fedde.
With rosted [13] flesh, or milk and wastelbreed [14];
But sore wepte she if oon of hem were deed,
Or if men [15] smoot it with a yerde [16] smerte [17];
And al was conscience and tendre herte [18].
Ful semely hir wimpel pinched was,
Hir nose tretis [19], hir yen [20] greye as glas,

---

1 grease.
2 drink.
3 reached.
4 certainly.
5 diginified.
6 manner.
7 sensibility.
8 merciful.
9 would.
10 mouse.
11 dead.
12 bled.
13 roasted.
14 fine white bread.
15 someone.
16 stick.
17 sharply.
18 heart.
19 well-informed.
20 eyes.

Hir mouth ful small, and therto [1] softe and reed [2],
But sikerly she hadde a fair forheed:
It was almost a spanne brood, I trowe [3],
For hardily [4], she was nat undergrowe [5].
Ful fetis [6] was hir cloke, as I was war [7];
Of small [8] coral [9] aboute hir arm she bar [10]
A paire of bedes [11], gauded al with greene,
And theron heeng [12] a brooch of gold full sheene,
On which ther was fist written a crowned A,
And after, *Amor vincit omnia*.
……

【参考译文】

坎特伯雷故事集
总序

三月天旱根裂隙，
四月甘霖甜依依。
千草万木竞沐浴，
百花即开于露雨。
芬芳西风劲吹拂，
吹绿荒原与林谷；
嫩秧青，晨阳旭，
白羊星座半已去；
鸟儿歌喉美清脆，

---

1 moreover.
2 red.
3 believe.
4 certainly.
5 not undesired.
6 becoming.
7 aware.
8 dainty.
9 coral beads.
10 wore.
11 beads.
12 hung.

谁愿入眠谁愿睡?
造物撩拨春心弦,
子民渴求朝圣缘。
香客朝拜异滨海,
云游远处圣灵台。
英土八方众户出,
坎特伯雷迎众徒,
朝拜扶弱救世神,
缅怀大德殉道人。
索思沃克一时间,
投宿塔巴德旅馆。
翌日启程为朝圣,
坎特伯雷去虔诚。
黄昏宾客二十九,
到此旅馆宿一宿;
宾客四面不期遇,
香客纵马欲齐趋,
坎特伯雷之圣事。
客房马厩倍舒适,
殷勤款待已至极。
不觉夕阳已西下,
侃侃娓娓道佳话,
众人与我似一家。
相约明晨踏圣程,
且听我把故事哼。
眼前还有些时间,
叙事之前容我谈,
愚见此事也必要,
人物分别来介绍。
且说于我初印象,
属哪位?做何行?
举止容貌与衣着,
听我先把骑士说。
骑士品德奇高尚,
从军即驰于疆场,

骑士气概相传颂，
礼誉操行气豪雄。
戎马效君全心系，
踏至疆土无能比；
转战基督与异邦，
功勋卓著美名扬。
战亚力山德利亚，
普鲁士功宴美嘉，
于众族骑士凌驾；
俄罗斯拉脱维亚，
同仁无不叹羞愧。
格兰纳达城敌溃，
阿尔及西勒远征，
贝尔马里、阿亚
斯、萨塔利功伟，
地中海亦功磊磊。
浴血奋战十五役，
特拉米森卫信仰，
三次点将杀敌将。
英雄美名如既往，
曾伺帕拉西亚君，
讨伐突厥野蛮人：
占尽君王之荣誉。
功显赫，不痴愚，
温柔顺从似处女。
彬彬有礼不膝屈，
一生同视不同人。
堪称骑士美万分。
且来道说其装饰，
坐骑帅，衣朴实，
铠甲底衬粗布衣，
磨损褪色多斑迹。
仆仆风尘战场归，
朝拜圣旅再启随。
骑士之子随左右，

绿林好汉也俊秀。
发曲鬈，如烫卷；
人青健，约廿年。
身材中等不高挑，
敏捷刚健又气豪。
阿图瓦、皮卡第、
弗兰德斯曾骑至。
出身好，表现佳，
恭候淑女垂爱他。
衣着俏，似草地，
风姿如花鲜艳丽。
早晨曲，晚笛乐，
终日快乐似五月。
袖阔长，袍精短，
善骑马，英姿展。
能曲词，才横溢，
文武双全少匹敌。
彻夜不眠伴激情，
侃谈故事如夜莺。
谦有礼，倍多才，
为父切肉又上菜。
勇士随从其前后，
自愿陪同来伺候；
随从绿帽配绿衣，
孔雀箭束寒栗栗，
牢牢系在其腰间；
（箭矢修整无凌乱，
翎羽顺直又顺从），
强劲弯弓在手中。
面如铜，发齐短，
林中狩猎是好汉。
臂束护腕颇俊美，
盾牌宝剑此边配，
另侧短剑耀光闪，
利剑入鞘如矛尖；

圣像胸前闪光彩。
号角吊于绿肩带,
好林馆,名不虚。
修道院长一修女,
明媚诚挚又忸怩。
誓言唯从"圣罗伊",
"蔷薇女士"为芳名。
颂歌唱诗受好评,
鼻音吟咏韵味浓。
法文流利又淙淙,
斯特拉福伦敦腔,
巴黎法文她不详。
餐桌礼仪懂不少,
饭粒从不口中掉;
蘸取酱汁手不湿,
盘中用餐很在意,
星点不会落胸襟。
快乐谦恭又热情。
朱唇擦拭净又纯,
口杯不见点点荤;
酒毕起身步缓缓,
取食典雅而款款。
性格活泼乐呵呵,
友善可爱也温和。
力造谦和及威严,
风度翩翩举止端,
荣获美名和敬奉。
心地善良人人敬。
宽厚仁慈又怜悯,
鼠落陷阱也伤心,
流血死亡尤其悲。
其家小狗亲自喂,
牛奶烤肉白面包。
若有以棒把狗敲,
或是爱犬若离世,

必然心碎伤不止。
头巾褶饰很得体,
鼻俏眼蓝似玻璃。
樱桃小口殷红柔,
额眉清秀无纹皱,
天庭饱满贵人相;
窈窕恰好无需妆。
披风简洁但雅致,
珊瑚念珠饰手臂,
珠珠华丽绿莹莹;
金质饰针亮晶晶,
"A"字王冕镂其上,
"爱无不胜"于下方。
……

(张广奎 译)

《总序》位于《坎特伯雷故事集》开篇,是乔叟模仿薄伽丘的《十日谈》所作。作为整个故事的引子,诗人在总序中向读者介绍了即将出场讲故事的人物。这些人物性格鲜明,出身各异,来自于社会的各个阶层,可以说是当时英国社会的一面镜子。乔叟生活的 14 世纪时期,正是英国从封建主义向资本主义过渡的时代,封建贵族渐趋没落,而普通市民开始崛起逐渐成为英国社会生活的主宰。市民们反对封建、追求自由的思想为当时的英国注入了新鲜的血液。虽然乔叟并没有完成计划作品的全部,但是这部包罗万象的总序为读者刻画了生动形象的人物,展现了中世纪后期英国的社会状况。

二、威廉·莎士比亚(William Shakespeare, 1564—1616)

威廉·莎士比亚是全世界家喻户晓的作家,是英国最重要的剧作家和诗人。莎士比亚留给后世 38 部戏剧、154 首十四行诗和两首长篇诗歌。莎士比亚出生于商人家庭,在雅芳河畔的斯特拉福德镇长大,18 岁时与大他 8 岁的安妮·海瑟薇结婚。莎士比亚也许是对自己的婚姻不满意,曾在作品中说"女子应该与比自己年纪大的男子结婚"。16 世纪末到 17 世纪初的 20 年时间是莎士比亚事业的巅峰期,而关于他何时开始创作一直是个谜。1590 年到 1600 年,英国处于伊丽莎白统治下最繁荣的时期,整个社会一片蓬勃旺盛的景象,这一时期莎士比亚的作品多为历史剧和喜剧,其中有《理查三世》(Richard III)、《亨利四世》(Henry

IV)和《亨利五世》(Henry V)等9部历史剧,《仲夏夜之梦》(A Mid-summer Night's Dream)、《第十二夜》(Twelfth Night or What You Will,又译为《随你喜欢》)和《威尼斯商人》(The Merchant of Venice)等10部喜剧,《罗密欧与朱丽叶》(Romeo and Juliet)等3部悲剧。1609—1613年,理想与现实起了激烈冲突的莎士比亚放弃积极的态度,转而把希望寄托于乌托邦式的幻想,这一阶段莎士比亚写出了《暴风雨》(The Tempest)等3部传奇剧。

莎士比亚在诗歌方面的成就集中于十四行诗,他所采用的十四行诗体最初是流行于民间的弹唱艺术形式,这一体裁起源于意大利,随着文艺复兴的思潮在欧洲的传播,十四行诗成为文艺复兴时期主要的诗歌形式。莎士比亚的十四行诗与他的戏剧作品一样,是诗人个人感情与社会背景的结合,不仅继承了文艺复兴时期流行的文学主题,而且在韵律和语言上更加成熟。莎士比亚共著有154首十四行诗,可以分为两部分:从第一到第一百二十六首都是写给一位美貌的少年(Fair Lord);余下的是写给一位黑皮肤的女子(Dark Lady)。第一部分的主题是友情,莎士比亚与美貌少年也就是他的保护人之间存在深厚的友情,因此在诗中他毫不吝啬地歌颂这位美少年,热情高亢;第二部分的主题是爱情,诗人对黑皮肤的女子爱恋深沉,这些诗倾诉的是他对最美好爱情的向往与追求。这154首十四行诗表现了一个人文主义者的友情观和爱情观。

莎士比亚是文艺复兴时代的巨人,他的作品是世界文学宝库的无价之宝。在他的创作生涯中,莎士比亚也不是一成不变的,他一生都在不懈地追求真理,他的人文主义精神是逐渐形成的。在历史剧和喜剧创作期间,以《威尼斯商人》为例,莎士比亚以幽默诙谐的手法使人们接触到当时社会的阴暗面。到了悲剧时期,莎士比亚的人文思想和创作手法已臻成熟,透过人物内心的挣扎、矛盾窥视整个社会的冲突。莎士比亚的名篇《哈姆雷特》通过展现哈姆雷特和克劳狄斯的冲突,表现了先进的人文主义思想同日趋反动的封建王权之间的斗争,反映了文艺复兴时期的时代精神和作者的人文主义思想。剧中所塑造的人物形象,都是一定阶级和思想意识倾向的代表,具有鲜明的性格特征。这些特征反映到诗歌中,无论是十四行诗还是戏剧作品中的诗节,都使莎翁的诗歌充满历久弥新的魅力,他不仅在诗中向世人传达真善美的情感,还怀有深邃的思想以洞察人性。莎士比亚的剧作也都是用素体诗写成,因此他的诗人身份与剧作家身份相比毫不逊色。

【经典诗歌鉴赏】

Sonnet 18

Shall I compare thee to a summer's day?

Thou¹ art² more lovely and more temperate:
Rough winds do shake the darling buds of May,
And summer's lease hath all too short a date:
Sometimes too hot the eye of heaven³ shines
And often is his gold complexion dimmed;
And every fair from fair sometimes declines,
By chance or nature's changing course untrimmed;
But thy eternal summer shall not fade,
Nor lose possession of that fair thou ow'st⁴;
Nor shall death brag thou wander'st in his shade
When in eternal lines to time thou grow'st:
So long as men can breathe, or eyes can see,
So long lives this, and this gives life to thee.

【参考译文】

十八

容我将你比，您荣华似夏；
繁夏稍逊色，而你如美画。
狂暑风暴曳，芽嫩遭践踏；
炎夏如短契，匆促如健马。
骄阳炎酷热，天目人惧怕；
时有云盖掩，金脸常暗蜡。
颜美难保驻，终会成砾瓦；
天道来诋毁，机遇时镇轧。
然你同永夏，从不花落谢；
柔雅失不去，尊容从不灭。
亡鬼虽自傲，无胆逞淫邪；
因只于韵里，您会同日列；
唯要人类在，眸就能看写；

---

1. Thou: you.
2. art: are.
3. the eye of heaven: the sun.
4. that fair thou ow'st: 你所拥有的美貌。ow'st: owest.

诗韵存与共,芳命华烨烨。

(张广奎 译)

这是莎士比亚十四行诗中知名度最高的一首,是献给他的挚友的。诗人在诗中对爱与美做了描述,把友人比作夏天、花蕊和太阳等美好的事物,但是又认为这些都比不上他的挚友,而挚友再怎么美丽温柔也比不过诗人自己的不朽诗作。全诗被饱含深情的语言与深邃的情感充斥,先抑后扬,环环相扣,主题层层递进,与十四行诗的形式相得益彰。

Questions:

1. What is the author's purpose in mentioning "summer", "darling buds of May" and the sun's "gold complexion?" What common characteristics do they have?

2. Why does the author mention "death" and "change" in a poem of praise and commendation?

3. Judging from the last two lines, do you think this poem is about beauty or about poetry?

To Be, or Not to Be

To be, or not to be: that is the question:
Whether 'tis nobler in the mind to suffer
The slings[1] and arrows of outrageous fortune,
Or to take arms against a sea of troubles,
And by opposing end them? To die: to sleep;
No more; and by a sleep to say we end
The heart-ache and the thousand natural shocks
That flesh is heir to, 'tis a consummation
Devoutly to be wish'd. To die, to sleep;
To sleep: perchance[2] to dream: ay, there's the rub;
For in that sleep of death what dreams may come
When we have shuffled off this mortal coil,
Must give us pause: there's the respect

1　slings:古代一种投石器。
2　perchance: perhaps, possibly.

That makes calamity of so long life;
For who would bear the whips and scorns of time,
The oppressor's wrong, the proud man's contumely,
The pangs of despised love, the law's delay,
The insolence of office and the spurns
That patient merit of the unworthy takes,
When he himself might his quietus make
With a bare bodkin[1]? Who would fardels[2] bear,
To grunt and sweat under a weary life,
But that the dread of something after death,
The undiscover'd country from whose bourn
No traveller returns, puzzles the will
And makes us rather bear those ills[3] we have
Than fly to others that we know not of?
Thus conscience does make cowards of us all;
And thus the native hue of resolution
Is sicklied o'er[4] with the pale cast of thought,
And enterprises of great pith and moment
With this regard their currents[5] turn awry,
And lose the name of action.

【参考译文】

活下去还是不活

活下去还是不活:这是个问题。
要做到高贵,究竟该忍气吞声
来忍受狂暴的命运矢石交攻呢,
还是该挺身反抗无边的苦恼,
扫它个干净?死,就是睡眠——
就这样;而如果睡眠就等于了结了,

---

1. bare bodkin: 只需要一刀。bare: mere。
2. fardels: 因悲伤、自责等引起的沉重心理负担。
3. ills: 灾难或不幸。
4. sicklied o'er: sickly 在这里作动词。
5. currents: 做法,步骤。

心痛以及千百种身体所要担受的，
皮痛肉痛，那该是天大的好事，
正求之不得啊！死，就是睡眠；
睡眠也许要做梦，这就麻烦了！
我们一旦摆脱了尘世牵缠，
在死的睡眠里还会做些什么梦，
一想到就不能不踌躇。这一点顾虑
正好使灾难变成了长期的折磨。
谁甘心忍受人世的鞭挞和嘲弄，
忍受压迫者的虐待，傲慢者的凌辱，
忍受失恋的痛苦，法庭的拖延，
衙门的横暴，做埋头苦干的人才
受作福作威的小人一脚踢出去，
如果他只消自己来使一下尖刀
就可以得到解脱啊？谁甘心挑担子，
拖着疲惫的生命，呻吟，流汗，
要是怕已死去就去了没有人回来的
那个从未被发现的国土，怕那边
还不知会怎样，因此意志动摇了，
因此便宁愿忍受目前的灾殃，
而不愿意投奔另一些未知的苦难？
这样子，顾虑使我们变成了懦夫，
也就这样子，决断决行的本色
蒙上了惨白的一层思虑的病容；
本可以轰轰烈烈地大作大为，
由于这一点想不通，就出了别扭，
失去了行动的名分。

(卞之琳　译)

　　这首诗就是《哈姆雷特》中人尽皆知的独白，隐藏了整部作品的精神内涵和深刻意义，即生与死。这段独白向读者展现了哈姆雷特当时面临的困境：是应该一死以寻求解脱还是活下来勇敢地面对。这一段独白刻画了哈姆雷特优柔寡断的性格和彷徨不安的心境；而借哈姆雷特之口，莎士比亚把这种个人的痛苦挣扎上升到整个社会的冲突。哈姆雷特的自我剖析代表的是普遍视角，我们都可以从这种角度出发看到自己，这也是《哈姆雷特》穿越几百年而不朽的原因。

Questions:

1. What has Hamlet mentioned about the ills of his age?

2. Is he going to suffer patiently? Or is he going to oppose and fight those ills of his age?

3. Why does death seem so nice to Hamlet at this time? Why doesn't he kill himself, as he says, "with a bare bodkin"?

4. Besides offering a critique of his society, what does this meditation on life and death show about Hamlet's character?

三、约翰·多恩（John Donne, 1572—1631）

17世纪的英国出现了一种以奇特的比喻和多变的格式为特征的诗歌，人们把创作这类诗的诗人们称之为"玄学派"（Metaphysical Poets）。玄学派诗人主要包括约翰·多恩、乔治·赫伯特、安德鲁·马维尔等。1572年出生于伦敦一个富商之家的约翰·多恩是玄学派诗歌的创始人和代表人物。多恩在世的时候并不是以诗人身份为人所知，而是作为一名教职人员。多恩曾在牛津和剑桥学习神学、医学和古典文学，后来成为女王大臣伊格顿爵士的私人秘书，后因秘密地与伊格顿的侄女结婚而被剥夺职位并遭监禁。本来是一名天主教徒的多恩，后于1615年改信英国国教，背离家庭成为一名宫廷牧师，后担任圣保罗大教堂教长，成为当时最著名的神职人员。正是这一经历使多恩一生的创作鲜明地分为两个阶段。

在早年的创作生涯中，多恩以写爱情诗和讽刺诗为主。出身优越并且受过良好教育的多恩博览群书，学识广博，在诗歌创作上摒弃了传统诗歌中一直沿用的意象，采用了奇特的想象比喻和多样化的格式，使他的诗歌自成一派并得到后人效仿，这就是玄学派诗歌。这些横空出世的奇特意象挑战了传统评论家的标准，因此最初多恩的诗多被指责为故弄玄虚、生拼硬凑，为了实现神秘的目的而把不相干的意象强加在一起。在多恩早年的爱情诗《早安》（Good Morrow）、《离别辞：莫伤悲》（A Valediction: Forbidden Mourning）和《歌》（Song）等中，他向我们展示了各种复杂多样矛盾重重的人物形象，这其实是多恩自己内心的写照。而多恩的诗歌中最具特色的就数《跳蚤》（The Flea）了。这首以爱情为主题的诗从两只跳蚤入手，把象征爱情的两滴血结合在跳蚤体内，这种匪夷所思的想象一反传统，使诗歌读来别有风味。

在因婚姻问题横遭变故，改信国教以重归仕途之后，多恩的思想发生了明显转变,他由一个想法大胆奇特充满浪漫情怀的诗人变成了一个敬畏宗教神明克制自我的诗人,这一转变投射到诗歌作品中表现为充满矛盾挣扎和死亡气息,并且带有浓重的宗教色彩和哲学道理。《神圣十四行诗》(*Holy Sonnets*)是这一时期多恩的诗歌中的典范。其中第十首《死神,你别得意》(*Death, Be Not Proud*)最具代表性:

Death, be not proud, though some have called thee
Mighty and dreadful, for thou art not so;
For those whom thou think'st thou dost overthrow,
Die not, poor Death, nor yet canst thou kill me;
From rest and sleep, which but thy pictures be,
Much pleasure; then from thee much more must flow,
And soonest our best men with thee do go,
Rest of their bones, and soul's delivery.
Thou art slave to fate, chance, kings, and desperate men,
And dost with poison, war, and sickness dwell,
And poppy or charms can make us sleep as well
And better than thy stroke; why swell'st thou then?
One short sleep past, we wake eternally,
And death shall be no more; Death, thou shalt die.

【参考译文】

死神,别得意,虽然有些人曾称道你
强大而可怕,因为,你其实并非如此,
因为,哪些你认为打倒的人们并不死,
可怜的死神,同样你也无法把我杀死;
休息和睡眠,只是你的影像,从中却
流出许多快乐,那么,你那里定流出
更多;很快我们的优秀人士随你而去,
他们的骸骨得以休息,灵魂得到解脱。
你是命运、机遇、帝王和亡命之徒的
奴隶,与毒药、战争和疾病同居作伴,
而罂粟或魔咒同样能使我们入睡安眠,
比你的打击更有效;那你为何自负呢?

一次短暂的睡眠过后,我们长眠不寐,
死亡将不再存在,死神,必死的是你。

(傅浩 译)

  这也是一首典型的玄学派诗歌,充满了宗教意味。多恩把死亡比作睡眠,认为死后的安宁是长久的幸福,表达了自己对死神的轻蔑态度和对死亡的释怀,然而多恩的这种虔诚并不是平静的,他的诗中经常出现思辨的视角,看上去好像是诗人在与看不见的人辩论,最后说服自己或者对方,而得出的结论也往往与出发点相悖。多恩一生经历坎坷,由天主教皈依英国国教,这些经历都使他不相信永恒的忠诚,并且对人生和社会产生怀疑,饱受悔罪意识的折磨。此后他排斥"诗歌,我年轻时的情人",转而投向"神学,我中年时的伴侣"的怀抱。

【经典诗歌鉴赏】

Song

Go and catch a falling star,
Get with child a mandrake root,
Tell me where all past years are,
Or who cleft the devil's foot,
Teach me to hear mermaids singing,
Or to keep off envy's stinging,
  And find
  What find
Serves to advance an honest mind.

If thou be'st born to strange sights,
Things invisible to see,
Ride ten thousand days and nights,
Till age snow white hairs on thee,
Thou, when thou return'st, wilt[1] tell me
All strange wonders that befell thee,
  And swear,
  No where

---

1 wilt: will.

Lives a woman true, and fair.

If thou find'st one, let me know,
Such a pilgrimage were sweet;
Yet do not, I would not go,
Though at next door we might meet;
Though she were true[1], when you met her,
And last, till you write your letter,
  Yet she
  Will be
False, ere[2] I come, to two, or three.

【参考译文】

歌

去追寻一颗陨落的流星,
  让曼陀罗根孕育生命,
告诉我流年藏在哪里,
  抑或谁折断恶魔之蹄,
教我如何倾听美人鱼的歌声,
或是逃离妒火的侵袭
  去追寻
  一阵风
来升华诚赤的心

如你生来觉异,
  能看到隐形的风景,
骑行千万昼夜
  双鬓斑白都不惜,
当你归来,述与我听,
你经历的所有光怪陆离
  并发誓,

---

1. Though she were true: 早期的英语中,though 引导的从句可以使用虚拟语气。
2. ere: before.

绝没有
一个女人既忠诚，又美丽。

如你找到，告诉我听，
　　此次漫旅是如此甜蜜
如没有，我绝不前去，
　　虽然我们可能会转角相遇，
　　虽然当遇见你她仍可能忠诚，
　　　　然而她
　　　　可能会
在我到来之前背叛两三个男人。

（唐亚琪　译）

第一个诗节中列举了一系列奇特又毫不相干的意象，抓住一颗流星和草木怀孕都是不可能的，诗人通过这个表达自己彼时对科学的浓厚兴趣，而草木则是诗人用来比喻女人的身体。寻找过去的岁月、把魔鬼的脚劈开以及听美人鱼歌唱也都是异想天开，没人敢把魔鬼的脚劈开；而这里的美人鱼并不是童话故事中那般美好，而是海中的一种海妖，用歌声诱惑人靠近并伺机杀害。这一节所列举的事情都是不可能发生的。紧接着第二节就开始了漫无边际的假设，假设读者们都有奇特的视力，能看见无形之物，骑马奔腾一万个日夜也找寻不到忠诚的女人。至此我们才豁然开朗，第一节出现的那些无法实现的事情都是为这一主题做铺垫。第三节继续假设，即使真的能找到忠诚的女人，他也不会相信的。并且在最后，诗人把寻找忠诚女人的这一过程看作朝圣，更是暗示这一情况是不可能发生的。以女人以及爱情为主题作诗，是多恩最常见的尝试。在这首诗中他对女人的不忠进行了毫不留情的鞭挞，抨击了她们不忠的天性。

Questions：

1. What do the images in the first stanza suggest?

2. The second stanza suggests a quest or "pilgrimage". What is the speaker trying to find? Is the comparison appropriate?

3. What is the speaker's view concerning women's constancy?

4. Are there any words employed by Donne in this poem that can be classified into the "metaphysical diction"?

A Valediction: Forbidding Mourning

As virtuous men pass mildly away,
   And whisper to their souls to go,
Whilst some of their sad friends do say
"Now his breath goes," and some say, no;

So let us melt, and make no noise,
   No tear-floods, nor sigh-tempests move;
'Twere [1] profanation of our joys
   To tell the laity our love.

Moving of th' earth brings harms and fears,
   Men reckon what it did, and meant;
But trepidation of the spheres,
   Though greater far, is innocent.

Dull sublunary lovers' love [2]
   (Whose soul is sense) cannot admit
Of absence, 'cause it doth remove
   The thing which elemented it.

But we by a love so much refined
   That ourselves know not what it is,
Inter-assurèd of the mind [3],
   Care less, eyes, lips and hands to miss.

Our two souls therefore, which are one,
   Though I must go, endure not yet
A breach, but an expansion,
   Like gold to aery thinness beat.

---

1   'Twere: it were.
2   whose: love.
3   Inter-assurèd of the mind: 我们心心相印。

If they be two, they are two so
　　As stiff twin compasses are two;
Thy soul, the fix'd foot, makes no show
　　To move, but doth, if th' other do.

And though it in the centre sit,
　　Yet, when the other far doth roam,
It leans, and hearkens after it,
　　And grows erect, as that comes home.

Such wilt thou be to me, who must,
　　Like th' other foot, obliquely run;
Thy firmness makes my circle just,
　　And makes me end where I begun.

【参考译文】

别离辞：节哀

正如德高人逝世很安然，
　　对灵魂轻轻地说一声走，
悲怆的朋友们聚在旁边，
　　有的说断气了，有的说没有。

让我们化了，一声也不作，
　　泪浪也不翻，叹风也不兴；
那是亵渎我们的欢乐——
　　要是对俗人讲我们的爱情。

地动会带来灾害和惊恐
　　人们估计它干什么，要怎样，
可是那些天体的震动，
　　虽然大得多，什么也不伤。

世俗的男女彼此的相好
　　（他们的灵魂是官能）就最忌

　　　　别离，因为那就会取消
　　　　　　组成爱恋的那一套东西。

　　　　我们被爱情提炼地纯净，
　　　　　　自己都不知道有什么年头
　　　　互相在心灵上得到了保证，
　　　　　　再不愁碰不到眼睛、嘴和手。

　　　　两个灵魂打成了一片，
　　　　　　虽说我得走，却变不成
　　　　破裂，而只是向外延伸，
　　　　　　像金子打到薄薄的一层。

　　　　就还算两个吧，两个却这样
　　　　　　和一副两脚规情况相同；
　　　　你的灵魂是定脚，并不像
　　　　　　移动，另一脚一移，它也在动。

　　　　虽然它一直坐在中心，
　　　　　　可是另一个去天涯海角，
　　　　它也就侧了身，倾听八垠；
　　　　　　那一个一回家，它马上挺腰。

　　　　你对我就这样子，我一生
　　　　　　像另外那一脚，得侧身打转；
　　　　你坚定，我的圆圈才会准，
　　　　　　我才会终结在开始的地点。

　　　　　　　　　　　　　　（卞之琳　译）

　　这首《别离辞》是多恩在 1612 年去欧洲大陆时写给妻子的。多恩虽一生命途多舛，也曾因私自结婚丢掉官职与自由，但是他与妻子的爱情却十分美满。这首写给爱人的离别诗同样不走寻常路，一开头诗人便描述了死亡的场面：德高的人对待死亡处之泰然，悲痛的人们却更注重肉体的存在。诗人的意图是要像德高的人看待死亡一样看待离别。在接下来的三节中，多恩把自己与妻子的爱情描述成俗人所不能理解的柏拉图式的精神恋爱，并且不会受到距离的阻碍。在最后的三节中,出现了一个奇特的比喻——圆规——玄学派最著名的比喻。多恩把夫妻比作圆规,以妻子为圆心旋转,并且相互支撑。

Questions:

1. What is the tone of the first two stanzas?

2. If the poem ended with line 24, what would it mean? How would it differ from the total version?

3. Comment on the relation of the various images to one another. Is there a development of some kind?

4. Comment on the metrics of lines 19-20 and 25-26.

四、约翰·弥尔顿(John Milton,1608—1674)

约翰·弥尔顿是英国著名的诗人、政治家、民主斗士,他的《失乐园》(*Paradise Lost*)与荷马的《荷马史诗》(*Iliad* and *Odyssey*)、但丁的《神曲》(*The Divine Comedy*)并称为欧洲三大史诗。弥尔顿出生于一个富裕家庭,父亲是一位法律文书和清教徒。他自幼爱好音乐和书籍,15岁进入剑桥大学学习。在获得学士学位和硕士学位后,原本打算进入教会做牧师的弥尔顿由于国教徒与清教徒之间的矛盾激化而放弃,开始了诗歌创作。这一段时间弥尔顿写下了大量的短诗。随后,他踏上了去欧洲大陆的旅程,游历了法国、瑞士、意大利等国家,在意大利接触到了人文主义。此时英国国内矛盾日趋尖锐,弥尔顿遂回国参加反对保王党的斗争,撰写了大量拥护人民自由的小册子。克伦威尔当政后被任命为外交事务拉丁文秘书,由此弥尔顿的创作开始蒙上了浓厚的政治色彩,并且因为繁重的工作导致他失明。保王党重新夺回王位后,弥尔顿被关进监狱,后被释放。脱离政治生涯后的弥尔顿继续创作,在完全失明的情况下写出了《失乐园》,为他带来了极大的声誉。弥尔顿的一生几乎与英国的政治变革相随,在经历了内战、共和、复辟等一系列动乱之后,弥尔顿文学思想和政治思想渐趋成熟并相互影响。

弥尔顿身上不仅有清教徒的严峻冷静,还有人文主义的关怀和风度,这使他的诗歌充满了豪迈的气质与美好的内涵。弥尔顿一生的诗歌创作可以分为三个时期:参加革命前(1625—1639)、参政期间(1639—1660)和王朝复辟后(1660—1674)。

弥尔顿早年创作的主要是短诗,其中较为著名的就是《快乐的人》和《幽思的人》。这两首诗还是诗人前往欧洲大陆前所作,诗中充满轻松愉快的气氛,体现了诗人对美好生活的追求。弥尔顿的十四行诗极少以爱情为主题,而把矛头指向教会和保守派，歌颂自由。在英国内战爆发后，一直怀有自由主义和人文主义思想的弥尔顿参与到政治和宗教斗争中去，写了大量的政治论文和政治小册子，支持人民自由统治国家。他的《论出版自由》（Areopagitica: A Speech for the Liberty of Unlicensed Printing, 1644）主张言论自由，是一部里程碑式的作品；《为英国人民声辩》（Defensio pro Populo Anglicano, 1651）直接对准了当时的反对派，认为推翻王朝的英国人民并没有犯弑君之罪；《论国王与官吏的职权》（The Tenure of Kings and Magistrates, 1649）从《圣经》和古希腊、罗马的政治学说中寻找证据，来说明人民有权废除和杀死暴君。在查理二世重新夺回统治后，作为克伦威尔派的弥尔顿被没收财产，他的书籍也被焚烧，并且他一度被关进监狱。出狱之后的弥尔顿脱离了政治生活。虽然双目失明，但是依靠他口述、女儿代写的方式，他写成了使他名垂后世的巨著《失乐园》。《失乐园》讲述了反抗上帝的撒旦在失败后，重新振作，化身为蛇引诱亚当和夏娃偷食禁果，亚当和夏娃违背上帝指令，因此被逐出伊甸园的故事。德莱顿（Dryden）最先提出《失乐园》中的主要人物是撒旦，他虽是一个反面人物，但却是一位有英雄气概的人。此后文学界关于撒旦形象的争论一直延续，成为一个经久不衰的话题。而弥尔顿也因此被称赞为富有反叛精神，这与他支持人民自由、反对君主统治的政治倾向一致。弥尔顿自己却说本书是为了"辩证神对人类的态度"，在书中探讨了婚姻、政治、君主、宗教等方面的议题。之后，弥尔顿又写下另一部长诗《复乐园》（Paradise Regained, 1671）和戏剧《力士参孙》（Samson Agonistes, 1671）。弥尔顿晚年所著三部作品都在英国文学史上占有重要的位置，都着眼于人类本性中爱斗争的特质，都是诗人对人性本质和人类精神信仰的探索，对人类如何才能得到拯救的问题进行了深入思考。

【经典诗歌鉴赏】

Methought I Saw My Late Espoused[1] Saint
（On His Deceased Wife）

Methought I saw my late espoused saint
    Brought to me like Alcestis[2] from the grave,
    Whom Jove's great son to her glad husband gave,
    Rescued from Death by force, though pale and faint.
Mine, as when washed from spot of child-bed taint

---

1   espoused: wedded, married.
2   Alchestis: 阿尔克提斯，费拉亚国王阿德墨托斯的表妹和妻子，非常爱她的丈夫。她代替丈夫赴死，并被大力神赫拉克勒斯救活。

　　　　Purification in the Old Law did save,
　　　　And such as yet once more I trust to have
　　　　Full sight of her in Heaven without restraint,
Came vested all in white, pure as her mind:
　　　　Her face was veiled; yet to my fancied sight
　　　　Love, sweetness, goodness, in her person shined
So clear as in no face with more delight:
　　　　But O! as to embrace me she inclined,
　　　　I wake, she fled, and day brought back my night.

【参考译文】

梦亡妻

我仿佛看见我才死去的结发圣女,
　　送还给我像阿尔克提斯由坟茔返还,
　　是诺夫的长子强力救她出死亡,
　　昏厥中还给她欢天喜地的丈夫。
我爱妻,像是洗净了分娩的血污,
　　按古训洁净之后已将罪赎完,
　　恰似我深信我仍会又一次在天堂
　　一清二楚地遇见她,无拘无束,
她披一身霜罗,纯洁如心灵。
　　她蒙着面纱,但是我似乎看见
　　爱敬、妩媚和善良在她身上晶莹闪亮,
脸上的高兴劲比谁都鲜艳。
　　然而她正俯身拥抱我,我苏醒,
　　她飞了,白天又带我回漆黑一片。

（金发燊　译）

　　这首十四行诗是弥尔顿写给自己亡妻的,诗歌饱含深情,语言动人。这首诗初读像是诗人的一个梦境,从一开始诗人就在赞美妻子如圣人般的心灵以及对自己的忠诚;同时也回忆了妻子的音容笑貌—— Love, sweetness, goodness。在这一切都很美好的时候,诗人却在结尾笔锋一转,戳破了这个梦境:他猛然醒来,妻子走远,白天又变成了黑夜。这一对比进一步道出了诗人内心的悲伤和思念。

Questions:

1. Milton's wide classical learning gives his poetry many allusions. Find out more details about the myth of Alchestis.

2. Explain the paradox of "day brought back my night". Why does the paradox best express Milton's feeling?

3. As an elegiac poem, what good qualities of the dead wife does it mention to honour her memory?

Paradise Lost
(The Invocation, Lines 1 – 26)

Of man's first disobedience, and the fruit
Of that forbidden tree whose mortal taste
Brought death into the world, and all our woe,
With loss of Eden, till one greater Man [1]
Restore us, and regain the blissful seat,
Sing, Heavenly Muse [2], that, on the secret top
Of Oreb, or of Sinai [3], didst inspire
That shepherd, who first taught the chosen seed [4],
In the beginning how the heavens and earth
Rose out of *Chaos*: or, if Sion Hill [5]
Delight thee more, and Siloa's [6] brook that flowed
Fast by the oracle of God; I thence
Invoke thy aid to my adventurous Song,
That with no middle flight intends to soar
Above th' Aonian mount [7], while it pursues
Things unattempted yet in prose or rhyme.

1　one great er Man: 即耶稣。
2　Heavenly Muse: 天庭缪斯, 即基督的圣灵。
3　Oreb & Sinai: 同一座山的两个名称, 通常称之为西奈山, 摩西就在这座山上得到灵感受到启发。
4　chosen seed: 选民, 即被上帝选中的民族, 这是以色列人的自称。
5　Sion Hill: 锡安山, 或郇山, 指耶路撒冷, 是圣殿所在地。
6　Siola: 西罗亚, 溪流的名字, 流经圣殿。
7　Aonian mount: 希腊神话中缪斯所在的圣山, 这里是诗人表达自己要超越荷马史诗的决心。

And chiefly thou, O Spirit[1], that dost prefer
Before all temples th' upright heart and pure,
Instruct me, for thou know'st; Thou from the first
Wast present, and, with mighty wings outspread,
Dovelike sat'st brooding on the vast abyss,
And mad'st it pregnant: what in me is dark
Illumine, what is low, raise and support;
That to the height of this great argument,
I may assert Eternal Providence,
And justify the ways of God to men.

【参考译文】

失乐园

关于人类最初违反天神命令
偷尝禁树的果子，把死亡和其他
各种各色的灾难带来人间，并失去
伊甸乐园，直等到一个更伟大的人来，
才为我们恢复乐土的事，请歌咏吧，
天庭的诗神缪斯呀！您当年曾在那
神秘的何烈山头，或西奈的峰巅，
点化过那个牧羊人，最初向您的选民
宣讲太初天和地怎样从混沌中生出；
那郇山似乎更加蒙您的喜悦，
下有西罗亚溪水在神殿近旁奔流；
因此我向那儿求您助我吟成这诗篇
大胆冒险的诗歌，追踪一段事迹——
从未有人尝试摛彩成文，吟咏成诗的
题材，遐想凌云，飞越爱奥尼的高峰。
特别请您，圣灵呀！您喜爱公正
和清洁的心胸，胜过所有的神殿。
请您教导我，因为您无所不知；
您从太初便存在，张开巨大的翅膀，

---

1 Spirit: 圣灵。

像鸽子一样孵伏那洪荒，使它怀孕，
愿您的光明照耀我心中的蒙昧，
提举而且撑持我的卑微；使我能够
适应这个伟大主题的崇高境界，
使我能够阐明永恒的天理，
向世人昭示天道的公正。

（朱维之 译）

此节选自《失乐园》第一卷，是全诗的开篇。《失乐园》写成于王朝复辟和诗人失明的条件下，虽然没有明确提及英国革命，却是对革命之后人类发展的思考，全诗气势磅礴，故事情节轰轰烈烈。在这一节中，诗人模仿古希腊诗人荷马向神灵祈求灵感，并志在超越荷马。

五、威廉·布莱克（William Blake，1757—1827）

威廉·布莱克是一位多才多艺的人，精通版画、刻字、绘画、写诗，是英国浪漫主义代表诗人之一。布莱克出生于伦敦一个贫寒的家庭，没有接受过系统良好的教育，14岁开始做学徒学习雕刻版画，后于1779年进入英国皇家艺术学院学习美术。在他结婚不久后，布莱克发表了自己的第一部诗集《素描诗集》(Poetical Sketches)。1784年开始与当时著名的出版商约瑟夫·约翰逊合作，先后出版了四本诗集——《天真之歌》(Songs of Innocence)、《经验之歌》(Songs of Experience)、《法国革命》(The French Revolution) 和《亚美利加》(America a Prophesy)。1804年又出版了《四天神》(The Four Zoas)。后来布莱克年老病重，他坚持要为但丁的《神曲》配完插画，但是这一愿望直到他去世也没有实现。

布莱克一生清贫，年轻时默默无闻，无论是在诗歌方面还是在绘画领域，都不为人知。但他博览群书，并通过自己的勤奋和悟性写出了一系列风格迥异、寓意深刻的诗歌，还留给后世一些珍贵的画作。《天真之歌》和《经验之歌》是布莱克最具代表性的作品，是他揭露资本主义的腐朽和呼吁自由的宣言。他在《天真之歌》中反对教会的禁欲思想，追求美好的世俗生活，这与他反对专制支持民主的政治思想是一致的，这也是一部理想之歌。此时的布莱克还未受到法国大革命的冲击，仍然对美好生活抱有希望。《经验之歌》则是布莱克揭露英国政府和教会黑暗面的力作，是一部现实之歌。法国大革命之后，布莱克清楚地认识到了人民生活的苦难和社会的腐败、教会的虚伪，并怀着激进的态度对人类作茧自缚的行为进行了批判，指出了人类变革的必要性。《天真之歌》与《经验之歌》充满了布莱克特有的想象力、矛盾的理想与现实的箴言，他通过既神秘又真实的语言找到了自己心灵的归宿和信仰。布莱克拥有非凡的洞察力和表达力，能通过事物肤浅的外表看透本质，并拥有双重想象力，他的诗才无人可及之处就是通过最简单的语言表达出复杂而又深邃的思想。

在这一阶段布莱克还创作了革命预言诗《法国革命》，对法国大革命进行了毫不掩饰的赞扬，歌颂资产阶级民主革命，并且支持平等反对专制。在《亚美利加》中，布莱克还批评了英国的殖民政策。布莱克晚年的作品《四天神》是一部长诗，带有神秘主义倾向和宗教色彩，揭露了资本主义英国是建立在剥削和专制之上的这一现实，而诗中对劳工艰苦工作的现实主义描写更是触目惊心。

【经典诗歌鉴赏】

The Tyger

(From *Songs of Experience*)

Tyger! Tyger! burning bright
In the forests of the night,
What immortal hand or eye
Could frame thy fearful symmetry?

In what distant deeps or skies
Burnt the fire of thine eyes?
On what wings dare he aspire?
What the hand dare seize the fire?

And what shoulder, and what art
Could twist the sinews[1] of thy heart?
And, when thy heart began to beat,
What dread[2] hand, and what dread feet?

What the hammer? what the chain?
In what furnace was thy brain?
What the anvil? what dread grasp
Dare its deadly terrors clasp?

---

1 sinew: 力量。
2 dread: dreadful.

When the stars threw down their spears,
And watered heaven with their tears,
Did He smile His work to see?
Did He who made the lamb make thee?

Tyger! Tyger! burning bright
In the forests of the night,
What immortal hand or eye
Dare frame thy fearful symmetry?

【参考译文】

老 虎

（选自《经验之歌》）

老虎！老虎！黑夜的森林中
燃烧着的煌煌的火光，
是怎样的神手或天眼
造出了你这样的威武堂堂？

你炯炯的两眼中的火
燃烧在多远的天空或深渊？
他乘着怎样的翅膀搏击？
用怎样的手夺来火焰？

又是怎样的膂力，怎样的技巧，
把你的心脏的筋肉捏成？
当你的心脏开始搏动时，
使用怎样猛的手腕和脚胫？

是怎样的槌？怎样的链子？
在怎样的熔炉中炼成你的脑筋？
是怎样的铁砧？怎样的铁臂
敢于捉着这可怖的凶神？

群星投下了他们的投枪。

用它们的眼泪润湿了穹苍,
他是否微笑着欣赏他的作品?
他创造了你,也创造了羔羊?

老虎!老虎!黑夜的森林中
燃烧着的煌煌的火光,
是怎样的神手或天眼
造出了你这样的威武堂堂?

(郭沫若 译)

《老虎》选自《经验之歌》,有关此诗的争论一直未停止。全诗使用了头韵和尾韵,使诗歌具有一种铿锵的力量美;同时采用了典故与象征,以威武无穷的老虎来比喻富有反叛精神的革命者;重复使用修辞性问句,表达了创造老虎的全过程。这首诗与18世纪的古典主义不同,充满了想象力和激情,这也是布莱克个人性格与创作原则的体现。布莱克在此诗中所使用的典故来自《圣经》、希腊神话、文学名著和历史事件等。老虎"煌煌的火光"似的眼睛(burning bright)象征着黑暗中的希望,"黑夜的森林"(the forest of the night)则象征黑暗的时代和人的内心。也许这是布莱克支持法国大革命的证据,而他天生神秘的性格又赋予这首诗独特的气质。

Questions:

1. Like "The Lamb", this poem is concerned with creation. Lamb and Tyger symbolize, as it were, opposite poles in creation. But does this mean that the two poems — or the two principles symbolized here — cancel out each other? Or do they illuminate each other? Do they complete each other? Could one be conceivable without the other?

2. Can you see how the idea involved in the questions above might be said to apply to the reader's attitude in confronting, in general, poems that contradict each other, directly or by implication, or that offer competing values or moods?

3. Does the poem contain a realistic description of the tiger? Does it stress the tiger's terrible power? In this description does the tiger become more than a literal animal? If more, then what more? And to what end? What does the tiger ultimately come to stand for? What does it symbolize?

【经典诗歌鉴赏】

The Sick Rose

O Rose, thou art[1] sick!
The invisible worm
That flies in the night,
In the howling storm

Has found out thy bed
Of crimson joy[2],
And his dark secret love
Does thy[3] life destroy.

【参考译文】

病玫瑰

娇艳玫瑰染病
隐形飞虫入侵
趁着黑夜袭近
风暴怒吼不停

钻入血红花心
觅得温存欢欣
夜阑幽幽偷情
误了卿卿性命

(傅霞 译)

  这首诗是布莱克象征艺术的极好体现。诗歌语言简单,意义明了:一朵在雨夜遭受虫子侵害而死去的玫瑰。这最简单的语言却可以解读出丰富的意思:自私毁灭了爱情,经验扼杀了天真,精神之死夺去了精神之生等等。透过简单的表面

---

1 thou art: you are.
2 crimson joy: 红色的快乐,象征青春。
3 thy: your.

去发掘丰富的内涵，这是布莱克超凡悟性与复杂性格在诗歌中的直接体现。

Questions:

1. Paraphrase the poem.
2. What can you infer from the image of rose associated with worm and storm?
3. What does "bed" represent in this poem?

六、威廉·华兹华斯（William Wordsworth, 1770—1850）

18世纪末开始，英国诗歌进入了一个充满美感而又哀伤的时期——浪漫主义时期。威廉·华兹华斯是英国浪漫主义诗歌的先锋，也是"湖畔派"（Lake Poets）的领军人物。华兹华斯在思想上经历过大起大落，由最初的热情支持法国大革命变成后来寄情于山水。这一转变对他的诗歌创作产生了绝对的影响。

华兹华斯出生于一个律师家庭，1783年父亲去世，他由舅父抚养，而对他影响颇深的妹妹多萝西（Dorothy）则由外祖父母抚养。1787年进入剑桥大学学习。从剑桥毕业后华兹华斯去了法国，并在当时被波澜壮阔的法国大革命吸引，支持处于水深火热中的人民反对封建专制。1792年华兹华斯回到伦敦，此时他仍然对法国大革命怀有热情，但是他舅舅对他的政治倾向不满，因此停止了对他的资助。后来，他与妹妹多萝西隐居乡村，实现了亲近自然并思考人生的夙愿。

华兹华斯拥有一颗"静观和吸收的心灵"（a heart that watches and receives）。1798年9月至1799年，华兹华斯在德国居住期间创作了《露丝》（*Ruth*）和《露西》（*Lucy*）组诗等，并开始写《序曲》（*The Prelude*）。1803年华兹华斯游苏格兰时写下了《孤独的刈麦女》（*The Solitary Reaper*）和记游诗。1807年他出版两卷本诗集，这部诗集的出版，结束了从1797年至1807年他创作生命最旺盛的10年。1798年，华兹华斯与柯勒律治合作出版了《抒情歌谣集》，这是浪漫主义诞生的标志。两年后出版的版本中加入了华兹华斯写的序，在这篇序言中他表达了自己的文学主张，彻底摧毁了18世纪的古典文学。他认为诗歌必须是人内心情感的自然流露（poetry is the spontaneous overflow of powerful feelings），应该破除陈词滥调与格式束缚，主张以朴实无华的语言表达真挚的情感。这篇长序也被誉为浪漫主义的宣言。华兹华斯的过人之处就在于打破了理论家只破不立的传统，自己实践了这一理论。华兹华斯的诗歌特征与主题明显且连贯，即自然是一个有机体，是人性、神性和理性的结合。他认为人类应该在自然面前保持平静，这样才能获得自然的启示，得到快乐。在《决心与自立》（*Resolution and Independence*, 1802）一诗中，华兹华斯描写了一位年老体衰却要不停奔波劳作的捞水蛭人。此后，华兹华斯的诗歌在深度与广度方面都有了进一步的发展，在描写自然生活中寄托了自我反思和人生探索的哲学思想。1805年完成的长诗《序曲》则是他最具有代表性的作品,是带有自传性质的作品。诗人在《序曲》中仔细地解释了自己的自然观。

华兹华斯是歌谣、抒情诗、十四行诗和叙事诗等各种诗歌体裁的大师,他诗歌的境界高尚自然,他擅长用最简单的文字写出最动人的诗句。他娴熟地驾驭各式各样的艺术手法,将大自然的静谧和神秘完全呈现在读者面前,使读者得到安宁与美感。这正是华兹华斯惊人的独特艺术魅力所在。

华兹华斯与罗伯特·骚塞(Robert Southey, 1774—1843)、柯勒律治同为浪漫派诗人的先行者,他们厌恶资本主义城市文明,热爱自然乡村,并且都隐居在湖区,因此被称为"湖畔派"。

【经典诗歌鉴赏】

I Wandered Lonely as a Cloud

I wandered lonely as a cloud
That floats on high o'er vales and hills,
When all at once I saw a crowd,
A host, of golden daffodils;
Beside the lake, beneath the trees,
Fluttering and dancing in the breeze.

Continuous as the stars that shine
And twinkle on the milky way,
They stretched in never-ending line
Along the margin of a bay:
Ten thousand saw I at a glance,
Tossing their heads in sprightly dance.

The waves beside them danced; but they
Outdid the sparkling waves in glee[1];
A poet could not but be gay[2],
In such a jocund company;

1　in glee: 欢乐。
2　gay: happy.

I gazed — and gazed — but little thought
What wealth the show to me had brought:

For oft[1], when on my couch I lie
In vacant or in pensive mood,
They flash upon that inward eye[2]
Which is the bliss of solitude;
And then my heart with pleasure fills,
And dances with that daffodils.

【参考译文】

我如一朵流云般孤独漫步

我如一朵流云般孤独漫步,
凌霄游浮于山丘和溪谷,
倏忽之间我看见
满簇金灿欲滴的水仙
在湖之滨,树之荫,
轻风之中翩翩摇曳。

连绵不绝如繁星,
熠熠闪光于银河系,
漫漫绵延无穷无尽,
勾勒出湖湾的边际:
千万娇花一眼望极,
扬头舞出一片欢愉。

粼粼浪花也随之起舞,
却怎敌花儿的欢欣:
诗人怎能不满心欢喜,
身伴如此欢乐佳侣:
我凝视着,凝视着,思绪却未及

---

1 oft: often.
2 inward eye: heart.

此盛景将何宝藏赐予。

每当我卧榻在床
或空虚迷茫，或忧郁悲伤，
它们总会浮现心上；
这是孤独的希望之光。
于是我满心欢畅，
共水仙轻舞飞扬。

（唐亚琪　译）

　　《我如一朵流云孤独漫步》是华兹华斯最为著名的一首诗，也是他的抒情诗代表作。口语化的语言和朴素清新的文笔是这首诗最大的特点，自然的美景是诗歌的主题。这首诗据说是诗人在与妹妹外出的时候看到美景有感而发，可以分为写景和抒情两部分。诗歌前两节是写景，以第一人称开场，并且把自己比作孤独的云朵，有一种虽孤独却自有的意境，也说明诗人享受独自欣赏自然美景的心态；第三节是抒情部分，是诗人内心感受的表达，强调了回忆对排解忧虑的重要作用。

Questions：

1. In what sense is this poem an epiphany for the speaker?
2. What function does memory have in this poem?
3. Why does the speaker connect daffodils with the stars?
4. Consider the poem's final stanza. How does the speaker's understanding of the scene when he reflects on it later?

She Dwelt among the Untrodden Ways

She dwelt among the untrodden ways
　　Beside the springs of Dove,
A Maid whom there were none to praise
　　And very few to love;

A violet by a mossy stone
　　Half hidden from the eye!
— Fair as a star, when only one
　　Is shining in the sky.

She lived unknown, and few could know
　　When Lucy ceased to be;
But she is in her grave, and, oh,
　　The difference to me!

【参考译文】

她栖居在杳无人迹的地方

她栖居在杳无人迹的地方
依傍白鸽清泉旁
无人问津的少女
亦无人惜玉怜香

一株紫罗兰
藓石旁若隐半藏
——熠熠如星辰
孤悬苍穹放光

露西生无人知
死亦无人哀伤
而她已深居穴墓，唉，
与我天各一方！

（唐亚琪　译）

这是一首悼亡诗，是《露西》组诗中的一首，具体悼念何人没有明确答案，更准确地说应该是诗人对爱情的怀念。诗中描绘的"她"虽未明说，许多评论家认为就是 Lucy，这首诗记叙了 Lucy 的成长和死亡，而诗人是否向她表露爱意却不得而知。幽径中的紫罗兰（A violet），描绘的是姑娘美丽的容貌和善良的心灵；天上的孤星（Fairy as a star, when only one is shining in the sky）却暗示着她备受冷落、无人问津的孤独生活。而她所过着的与世隔绝的生活对世人来说不仅是地理上的距离，也暗指她心灵和精神上的神秘。

七、乔治·戈登·拜伦（George Gordon Byron, 1788—1824）

浪漫主义诗歌开端于以华兹华斯为首的"湖畔派"诗人，其繁荣发展却归功于拜伦和雪莱。乔治·戈登·拜伦是英国19世纪初期伟大的浪漫主义诗人，被评论家称为天才诗人。他的代表作品包括《恰尔德·哈罗德游记》《唐璜》等。他在诗歌里塑造了一批"拜伦式英雄"，而他本人不仅是一位伟大的诗人，还是一个为理想战斗的勇士；正如他诗中所写的那样，他积极而勇敢地投身革命，参加了希腊民族解放运动，并成为领导人之一。

拜伦出生于伦敦的一个没落贵族家庭，天生跛足。1805年，拜伦进入剑桥大学学习文学和历史，广泛地阅读了英国和欧洲的文学、哲学和历史学著作，并且接触了各种活动。1807年发表了自己的第一部诗集《懒散的时光》(*Hours of Idleness*)，自由民主精神和革命意识初露端倪，这部诗收到了评论界的一致批评。后来拜伦写了一首长诗《英国诗人和苏格兰评论家》反击，批评了当时的著名诗人司各特、华兹华斯和柯勒律治等人。从剑桥毕业后拜伦曾在上议院任议员，后于1805—1811年游历欧洲，受到各国反压迫反侵略的民族斗争的鼓舞，开始创作《恰尔德·哈罗尔德游记》。1812年出版的《恰尔德·哈罗尔德游记》使拜伦一举成名，成为欧洲诗坛一颗闪亮的明星。这部长篇叙事诗讲述了哈罗尔德骑士的冒险经历和"我"抒情似的评论，表达了对政治自由的向往，歌颂了民族解放斗争。拜伦继续于1816年和1818年写成了第三章和第四章，这时他因为婚姻问题被永远逐出了英国，流亡到了意大利，因此第三、四章以"我"的口吻表达了对被逐出祖国的愤怒，他把个人的斗争与意大利的民族解放运动结合，使诗歌具有了真实的力量。1813年至1816年期间，拜伦创作了一系列的东方叙事诗，包括《异教徒》《阿比道斯的新娘》《海盗》《柯林斯的围攻》《巴里西纳》，创造了一批叛逆者的形象，他们自由、孤独又浪漫，被称为"拜伦式英雄"。

1816—1817年，拜伦居住在瑞士，这期间他与雪莱建立了深厚的友谊，并创作了《梦》《黑暗》《锡隆的囚徒》《普罗米修斯》等。这一时期拜伦遭遇精神危机，他的作品中显现了忧郁的气质，同时他仍坚持斗争。1817年至1823年，拜伦在意大利深入地接触了革命，创作了另一部重要长诗《唐璜》和一些政治讽刺诗歌《塔索的悲哀》《威尼斯颂》《但丁的预言》等。《唐璜》是一部长达16000行的政治讽刺诗，内容丰富，有叙事、抒情、描写、议论等等。唐璜本是一个浪荡的人，在莫扎特的音乐和莫里哀的戏剧中都出现过，而拜伦把他改造成为一个善良的热血青年，因为爱情不断冒险出海，后与海盗的女儿相爱，却被海盗卖到苏丹为奴，出逃后参加了俄国围攻伊斯边城的战争，立下战功活跃于俄国上层社会。拜伦通过一个又一个场景的转变向世人展现了18世纪末至19世纪初欧洲的现实生活。1824年，拜伦因参加革命积劳成疾，在希腊逝世，年仅36岁。拜伦的逝世在欧洲引起了震动，他留给后世的作品影响甚广，使浪漫主义作品和思想遍及全世界。

【经典诗歌鉴赏】

The Isles of Greece
(From *Don Juan*, *Canto* 3)

1

The Isles of Greece, the Isles of Greece!
Where burning Sappho[1] loved and sung,
Where grew the arts of War and Peace,
Where Delos[2] rose, and Phabus[3] sprung!
Eternal summer gilds them yet,
But all, except their Sun, is set.

2

The Scian and Teian muse[4],
The Hero's harp, the Lover's lute,
Have found the fame your shores refuse;
Their place of birth alone is mute
To sounds which echo further west
Than your Sires' "Islands of the Blest".

3

The mountains look on Marathon —
And Marathon looks on the sea;
And musing there an hour alone,
I dreamed that Greece might still be free;
For, standing on the Persians' grave[5],
I could not deem myself a slave.

---

1 Sappho：公元前 7 世纪末至公元前 6 世纪初古希腊的女诗人。
2 Delos：德罗斯岛，位于爱琴海。
3 Phabus：指太阳神阿波罗。
4 The Scian and the Teian Muse：the Scian 指的是古希腊诗人荷马；the Teian Muse 指的是古希腊另一位诗人阿纳克里昂（Anacreon）；Muse 即希腊神话中的文艺女神缪斯。
5 Persian's grave：入侵希腊的波斯军人葬身于此。

4

A King sate on the rocky brow
Which looks o'er sea-born Salamis;
And ships, by thousands, lay below,
And men in nations; — all were his!
He counted them at break of day —
And, when the Sun set, where were they?

5

And where are they? And where art thou,
My country? On thy voiceless shore
The heroic lay is tuneless now —
The heroic bosom beats no more!
And must thy Lyre[1], so long divine,
Degenerate into hands like mine?

6

'T is something, in the dearth of Fame,
Though linked among a fettered race,
To feel at least a patriot's shame,
Even as I sing, suffuse my face;
For what is left the poet here?
For Greeks a blush — for Greece a tear.

7

Must we but weep o'er days more blest?
Must we but blush? — Our fathers bled.
Earth! render back from out thy breast
A remnant of our Spartan dead!
Of the three hundred grant but three,
To make a new Thermopylae?!

1　lyre: 古希腊诗人唱歌时所弹奏的七弦琴,在这里代指诗歌。

8

What, silent still? and silent all?
Ah! no; — the voices of the dead
Sound like a distant torrent's fall,
And answer, " Let one living head,
But one arise, — we come, we come! "
'T is but the living who are dumb.

9

In vain — in vain: strike other chords;
Fill high the cup with Samian wine[1]!
Leave battles to the Turkish hordes,
And shed the blood of Scio's vine!
Hark! rising to the ignoble call —
How answers each bold Bacchanal!

10

You have the Pyrrhic dance[2] as yet,
Where is the Pyrrhic phalanx[3] gone?
Of two such lessons, why forget
The nobler and manlier one?
You have the letters Cadmus[4] gave —
Think ye he meant them for a slave?

11

Fill high the bowl with Samian wine!
We will not think of themes like these!
It made Anacreon's song divine;
He served — but served Polycrates[5] —
A Tyrant; but our masters then

---

1 Samian wine：爱琴海中的希腊岛屿萨摩斯（Samos）产出的美酒。
2 Pyrrhic dance：古希腊流传的战舞。
3 Pyrrhic phalanx：军队使用的方队。
4 Cadmus：希腊神话中的英雄，传说是腓尼基国王阿格诺尔（Agenor）的儿子，建立了底比斯，并把字母传入希腊。
5 Polycrates：公元前6世纪统治萨摩斯岛，在东爱琴海上建立了霸权。

Were still, at least, our countrymen.

12

The Tyrant of the Chersonese [1]
Was Freedom's best and bravest friend;
That tyrant was Miltiades [2]!
Oh! that the present hour would lend
Another despot of the kind!
Such chains as his were sure to bind.

13

Fill high the bowl with Samian wine!
On Suli's rock, and Parga's shore,
Exists the remnant of a line
Such as the Doric mothers bore;
And there, perhaps, such seed is sown,
The Heracleidan blood might own.

14

Trust not for freedom to the Franks —
They have a king who buys and sells;
In native swords, and native ranks,
The only hope of courage dwells;
But Turkish force, and Latin fraud
Would break your shield, however broad.

15

Fill high the bowl with Samian wine!
Our virgins dance beneath the shade —
I see their glorious black eyes shine;
But gazing on each glowing maid,
My own the burning tear-drop laves,

---

[1] The Chersnonese: 这里特指位于达达尼尔海峡北的岛格拉里珀黎 (Grallipoli).
[2] Miltiades: 在马拉松战役中击败波斯军队的名将.

To think such breasts must suckle slaves.

16

Place me on Sunium's marbled steep —
Where nothing, save the waves and I,
May hear our mutual murmurs sweep:
There, swan-like, let me sing and die;
A land of slaves shall ne'er be mine —
Dash down yon cup of Samian wine!

【参考译文】

哀希腊

一

希腊群岛呵，美丽的希腊群岛！
火热的萨弗在这里唱过恋歌；
在这里，战争与和平的艺术并兴，
狄洛斯崛起，阿波罗跃出海面！
永恒的夏天还把海岛镀成金，
可是除了太阳，一切已经消沉。

二

开奥的缪斯，蒂奥的缪斯，
那英雄的竖琴，恋人的琵琶，
原在你的岸上博得了声誉，
而今在这发源地反倒喑哑；
呵，那歌声已远远向西流传，
远超过你祖先的"海岛乐园"。

三

起伏的山峦望着马拉松——
马拉松望着茫茫的海波；
我独自在那里冥想一刻钟，
梦想希腊仍旧自由而欢乐；
因为，当我在波斯墓上站立，
我不能想象自己是个奴隶。

四

一个国王高高坐在石山顶,
瞭望着萨拉密挺立于海外;
千万只船舶在山下靠停,
还有多少队伍全由他统率!
他在天亮时把他们数了数,
但日落的时候他们都在何处?

五

呵,他们而今安在?还有你呢,
我的祖国?在无声的土地上,
英雄的颂歌如今已沉寂——
那英雄的心也不再激荡!
难道你一向庄严的竖琴,
竟至沦落到我的手里弹弄?

六

也好,置身在奴隶民族里,
尽管荣誉都已在沦丧中,
至少,一个爱国志士的忧思,
还使我的作歌时感到脸红;
因为,诗人在这儿有什么能为?
为希腊人含羞,对希腊国落泪。

七

我们难道只好对时光悲哭
和惭愧?——我们的祖先却流血。
大地呵!把斯巴达人的遗骨
从你的怀抱里送回来一些!
哪怕给我们三百勇士的三个,
让德魔比利的决死战复活!

八

怎么,还是无声?一切都喑哑?
不是的!你听那古代的英魂
正像远方的瀑布一样喧哗,
他们回答:"只要有一个活人
登高一呼,我们就来,就来!"
噫!倒只是活人不理不睬。

　　　　　九
算了，算了；试试别的调门：
斟满一杯萨摩斯的美酒！
把战争留给土耳其野人，
让开奥的葡萄的血汁倾流！
听呵，每一个酒鬼多么踊跃
响应这一个不荣誉的号召！
　　　　　一〇
你们还保有庇瑞克的舞艺，
但庇瑞克的方阵哪里去了？
这是两课，为什么只记其一，
而把高尚而坚强的一课忘掉？
凯德谟斯给你们造了字体——
难道他是为了传授给奴隶？
　　　　　一一
把萨摩斯的美酒斟满一盅！
让我们且抛开这样的话题！
这美酒曾使阿纳克瑞翁
发为神圣的歌；是的，他屈于
波里克瑞底斯，一个暴君，
但这暴君至少是我们国人。
　　　　　一二
克索尼萨斯的一个暴君
是自由的最忠勇的朋友：
暴君米太亚得留名至今！
呵，但愿现在我们能够有
一个暴君和他一样精明，
他会团结我们不受人欺凌！
　　　　　一三
把萨摩斯的美酒斟满一盅！
在苏里的山岩，巴加的岸上，
住着一族人的勇敢的子孙，
不愧是斯巴达的母亲所养；
在那里，也许种子已经散播，
是赫刺克勒斯血统的真传。

一四

自由的事业别依靠西方人,
他们有一个做买卖的国王;
本土的利剑,本土的士兵,
是冲锋陷阵的唯一希望;
但土耳其武力,拉丁的欺骗,
会里应外合把你们的盾打穿。

一五

把萨摩斯的美酒斟满一盅!
树荫下正舞蹈着我们的姑娘——
我看见她们的黑眼亮晶晶,
但是,望着每个鲜艳的姑娘,
我的眼就为火热的泪所迷,
这乳房难道也要哺育奴隶?

一六

让我攀登苏尼阿的悬崖,
在那里,将只有我和那海浪,
可以听见彼此飘送着悄悄话,
让我像天鹅一样歌尽而亡;
我不要奴隶的国度属于我——
干脆把那萨摩斯酒杯打破!

(查良铮 译)

《哀希腊》是拜伦著名长诗《唐璜》第三章的一部分,是一首独立的诗歌,与整部长诗的情节无关。拜伦不仅崇拜希腊的文明,更关心当时希腊的民族解放斗争,并且亲自参与领导了革命甚至最后因此丧命。这首诗语言丰富,韵律感极强,这一点也许与全诗所表达的跌宕起伏的感情相呼应。这首诗的主题是拜伦回忆并歌颂希腊往日的辉煌成就,并哀叹其受人凌辱的现状,颇有"哀其不幸,怒其不争"之意味。

Questions:

1. What are the functions of the allusions used in this poem?
2. What is the poet's feeling expressed toward Greece in this poem?
3. How is this poem representative of Byron's poetry?
4. Why did the speaker dwell much on the past events of Greece?

She Walks in Beauty

1

She walks in beauty like the night
    Of cloudless climes and starry skies[1];
And all that's best of dark and bright
    Meets in her aspect[2] and her eyes:
Thus mellow'd to that tender light
    Which heaven to gaudy day denies.

2

One shade the more, one ray the less,
    Had half impair'd the nameless grace
Which waves in every raven tress,
    Or softly lightens o'er her face;
Where thoughts serenely sweet express
    How pure, how dear their dwelling-place[3].

3

And on that cheek, and o'er that brow,
    So soft, so calm, yet eloquent
The smiles that win, the tints that glow,
    But tell of days in goodness spent,
A mind at peace with all below,
    A heart whose love is innocent!

【参考译文】

她走在美的光彩中

她走在美的光彩中，像夜晚
皎洁无云而且繁星漫天；

---

1 Of cloudless climes and starry skies：此诗咏维莫特·霍顿夫人，她当时服丧身着黑衣，黑衣上饰有金箔，故诗中以"夜空"、"繁星"相比。
2 aspect：样子，外表，外貌。
3 their dwelling place：神思的住所，此处指心。

明与暗的最美妙的色泽
在她的仪容和秋波里呈现：
耀目的白天只嫌光太强，
它比那光亮柔和而幽暗。

增加或减少一份明与暗
就会损害这难言的美。
美波动在她乌黑的发上，
或者散布淡淡的光辉
在那脸庞，恬静的思绪
指明它的来处纯洁而珍贵。

呵，那额际，那鲜艳的面颊，
如此温和，平静，而又脉脉含情，
那迷人的微笑，那容颜的光彩，
都在说明一个善良的生命：
她的头脑安于世间的一切，
她的心充溢着真纯的爱情！

(查良铮 译)

《她走在美的光彩中》是拜伦的倾心力作，他在诗中全力塑造并赞美了一位美丽优雅的女性，即诗人的表妹维莫特夫人。从标题中的"walk"一词开始，读者就会被吸引到诗中去，与诗人一同欣赏她的美丽、善良和平静；而"光"则是全诗的关键，光是姣好的容颜，是善良的内心，是由内而外散发的迷人气质。在第一节中，诗人用细腻的笔触向我们描绘了一位美丽安静的女性形象，并把她比作黑夜（因为诗人当时见到维莫特夫人时她身着黑衣），这种一反常态的比喻使黑夜显得魅力无穷。第二节中诗人认为光的明暗变化会影响她此时难以形容的美，这一点与宋玉之《登徒子好色赋》中描写美女的经典语句有异曲同工之妙——"东家之子，增之一分则太长，减之一分则太短，着粉则太白，施朱则太赤"。在第三节中，美丽的她绽放出一个神秘的微笑，这也许是对拜伦的凝视的回应。

八、珀西·比西·雪莱（P. B. Shelley, 1792—1822）

与拜伦关系密切的雪莱同为英国浪漫派的巨擘，但不同于拜伦的现实与英雄主义，雪莱的思想更为理想和乐观。雪莱是英国第一位社会主义诗人、小说家、哲学家、散文随笔和政论作家、改革家，柏拉图主义者和理想主义者，受空想社会主义思想影响颇深。1792 年，雪莱出生于一个富裕的贵族家庭，他天资聪颖，自幼与保守迂腐的父母不合；在伊顿公学读书时因不服管教与学校及同学们不合；1810 年进入牛津读书，第二年因发表《无神论的必然性》被开除。1813 年发表长诗《麦布女王》(Queen Mab)，抨击英国政府的专制统治和教会的伪善，反映劳动人民的悲惨境况，引起英国资产阶级的仇视，1818 年雪莱被迫迁居意大利。1818 年发表《伊斯兰的起义》，借用东方的故事抨击欧洲的封建专制统治；1819 年完成的《解放了的普罗米修斯》是一部诗歌戏剧，以古代神话为题材，表达了对反抗斗争必将获胜的信心和理想主义思想。《钦契》是雪莱创作的一部历史剧，表达了他反对暴政的思想。雪莱还创作了许多脍炙人口的诗歌，如《西风颂》(Ode to the West Wind)、《云》(The Cloud)、《至云雀》(To a Sky-Lark)等。雪莱在这些诗中也有不少描述自然的语言，但不同于华兹华斯寄情于山水的心境，雪莱把自然的神性转移到人身上，使字里行间洋溢着澎湃的热情和乐观的心态。

1818 年 2 月 23 日，约翰·济慈逝世，雪莱写了一首诗《阿多尼》(Adonais) 来悼念他，并借此控诉当时的英国社会和文坛，认为是这些害死了年轻的诗人济慈。1822 年 7 月 8 日，雪莱乘船返回家的途中遭遇风暴，不幸遇难，年仅 30 岁。

【经典诗歌鉴赏】

Ozymandias

I met a traveller from an antique land [1]
Who said: "Two vast and trunkless legs of stone
Stand in the desert... Near them, on the sand,
Half sunk, a shattered visage lies, whose frown,
And wrinkled lip, and sneer of cold command,
Tell that its sculptor well those passions read
Which yet survive, stamped on these lifeless things,
The hand that mocked them, and the heart that fed:
And on the pedestal these words appear:
My name is Ozymandias, King of Kings [2]:

---

[1] an antique land：指埃及。
[2] My name is Ozmandias, King of Kings：据考证这是刻在拉美西斯二世墓碑上的铭文对应的英文。

Look on my works, ye mighty, and despair!"
Nothing beside remains. Round the decay
Of that colossal wreck, boundless and bare
The lone and level sands stretch far away.

【参考译文】

奥西曼提斯

客自海外来，曾见沙漠古国
有石像半毁，唯余巨腿
蹲立沙砾间。像头旁落，
半遭沙埋，但人面依然可畏，
那冷笑，那发号施令的高傲
足见雕匠看透了主人的内心，
才把那石头刻得神情惟肖，
而刻像的手和像主的心
早成灰烬。像座大字在目：
"吾乃万王之王也，
盖世功业，敢叫天公折服！"
此外无一物，但见废墟周围，
寂寞平沙空莽莽，
伸向荒凉的四方。

（王佐良　译）

Ozymandias 是古埃及国王拉美西斯二世（Rameses II）的希腊名字。拉美西斯二世是古埃及第十九王朝法老，其执政时期是新埃及最强盛的时代。但是拉美西斯二世穷兵黩武，并大兴土木在各处建庙宇，至今拉美西斯二世金字塔在全世界闻名。诗中出现了两个叙事角度："我"（游客）和拉美西斯二世。"我"向读者讲述旅行中见闻"有石像半毁，唯余巨腿／蹲立沙砾间。像头旁落，／半遭沙埋，但人面依然可畏"；而拉美西斯二世却回应"吾乃万王之王也，／盖世功业，敢叫天公折服！"对这首诗的解读仁者见仁，智者见智。我们可以把它看作是浪漫主义诗人雪莱反叛精神的表达，即时间可以改变一切，自认为将名垂万世的统治者连死后雕像的破败都无法阻止。

Questions:

1. What do the ruins still say about human history and human nature?

2. Why would the "mighty" "despair"?
3. Why did Ozymandias refer to himself as "King of Kings"?
4. What is the hidden meaning of "Nothing beside remains"?

Ode to the West Wind

1

O wild West Wind, thou breath of Autumn's being[1],
Thou, from whose unseen presence the leaves dead
Are driven, like ghosts from an enchanter fleeing,

Yellow, and black, and pale, and hectic red,
Pestilence-stricken multitudes: O thou,
Who chariotest[2] to their dark wintry bed

The winged seeds, where they lie cold and low,
Each like a corpse within its grave, until
Thine azure sister of the Spring shall blow

Her clarion o'er the dreaming earth, and fill
(Driving sweet buds like flocks to feed in air)
With living hues and odors plain and hill:

Wild Spirit, which art moving everywhere;
Destroyer and preserver; hear, oh, hear!

2

Thou on whose stream, mid[3] the steep sky's commotion,
Loose clouds like earth's decaying leaves are shed,
Shook from the tangled boughs of Heaven and Ocean,

Angels of rain and lightning: there are spread

1　being: life.
2　chariotest: chariot.
3　mid: amid.

On the blue surface of thine aery surge,
Like the bright hair uplifted from the head

Of some fierce Maenad[1], even from the dim verge
Of the horizon to the zenith's height,
The locks of the approaching storm. Thou dirge

Of the dying year, to which this closing night
Will be the dome of a vast sepulchre,
Vaulted with all thy congregated might

Of vapours, from whose solid atmosphere
Black rain, and fire, and hail will burst: oh, hear!

3

Thou who didst[2] waken from his summer dreams
The blue Mediterranean, where he lay,
Lull'd by the coil of his crystalline streams,

Beside a pumice isle in Baiae's bay,
And saw in sleep old palaces and towers
Quivering within the wave's intenser day,

All overgrown with azure moss and flowers
So sweet, the sense faints picturing them! Thou
For whose path the Atlantic's level powers

Cleave themselves into chasms, while far below
The sea-blooms and the oozy woods which wear
The sapless foliage of the ocean, know

Thy voice, and suddenly grow gray with fear,

1　Maenad: 酒神巴克斯（Bacchus）的侍女。
2　didst: did.

And tremble and despoil themselves: oh, hear!

4

If I were a dead leaf thou mightest bear;
If I were a swift cloud to fly with thee;
A wave to pant beneath thy power, and share

The impulse of thy strength, only less free
Than thou, O uncontrollable! If even
I were as in my boyhood, and could be

The comrade of thy wanderings over Heaven,
As then, when to outstrip thy skiey speed[1]
Scarce seemed a vision; I would ne'er have striven

As thus with thee in prayer in my sore need.
Oh, lift me as a wave, a leaf, a cloud!
I fall upon the thorns of life! I bleed!

A heavy weight of hours has chain'd and bow'd
One too like thee: tameless, and swift, and proud.

5

Make me thy lyre, even as the forest is:
What if my leaves are falling like its own!
The tumult of thy mighty harmonies

Will take from both a deep, autumnal tone,
Sweet though in sadness. Be thou, Spirit fierce,
My spirit! Be thou me, impetuous one!

Drive my dead thoughts over the universe
Like wither'd leaves to quicken a new birth!

---

1 thy skiey speed: your airy and ethereal speed.

And, by the incantation of this verse,

Scatter, as from an unextinguish'd hearth
Ashes and sparks, my words among mankind!
Be through my lips to unawaken'd earth

The trumpet of a prophecy! O Wind,
If Winter comes, can Spring be far behind?

【参考译文】

西风颂

1

哦，狂暴的西风，秋之生命的呼吸！
你无形，但枯死的落叶被你横扫，
有如鬼魅碰到了巫师，纷纷逃避：

黄的，黑的，灰的，红得像患肺痨，
呵，重染疫疠的一群：西风呵，是你
以车驾把有翼的种子催送到

黑暗的冬床上，它们就躺在那里，
像是墓中的死穴，冰冷，深藏，低贱，
直等到春天，你碧空的姊妹吹起

她的喇叭，在沉睡的大地上响遍，
（唤出嫩芽，像羊群一样，觅食空中）
将色和香充满了山峰和平原。

不羁的精灵呵，你无处不远行；
破坏者兼保护者：听吧，你且聆听！

2

没入你的急流，当高空一片混乱，
流云像大地的枯叶一样被撕扯

脱离天空和海洋的纠缠的枝干。

成为雨和电的使者：它们飘落
在你的磅礴之气的蔚蓝的波面，
有如狂女的飘扬的头发在闪烁，

从天穹的最遥远而模糊的边沿
直抵九霄的中天，到处都在摇曳
欲来雷雨的卷发，对濒死的一年

你唱出了葬歌，而这密集的黑夜
将成为它广大墓陵的一座圆顶，
里面正有你的万钧之力的凝结；

那是你的浑然之气，从它会迸涌
黑色的雨，冰雹和火焰：哦，你听！

3

是你，你将蓝色的地中海唤醒，
而它曾经昏睡了一整个夏天，
被澄澈水流的回旋催眠入梦，

就在巴亚海湾的一个浮石岛边，
它梦见了古老的宫殿和楼阁
在水天辉映的波影里抖颤，

而且都生满青苔、开满花朵，
那芬芳真迷人欲醉！呵，为了给你
让一条路，大西洋的汹涌的浪波

把自己向两边劈开，而深在渊底
那海洋中的花草和泥污的森林
虽然枝叶扶疏，却没有精力；

听到你的声音，它们已吓得发青：

一边颤栗，一边自动萎缩：哦，你听！

4

哎，假如我是一片枯叶被你浮起，
假如我是能和你飞跑的云雾，
是一个波浪，和你的威力同喘息，

假如我分有你的脉搏，仅仅不如
你那么自由，哦，无法约束的生命！
假如我能像在少年时，凌风而舞

便成了你的伴侣，悠游天空
（因为呵，那时候，要想追你上云霄，
似乎并非梦幻），我就不致像如今

这样焦躁地要和你争相祈祷。
哦，举起我吧，当我是水波、树叶、浮云！
我跌在生活的荆棘上，我流血了！

这被岁月的重轭所制服的生命
原是和你一样：骄傲、轻捷而不驯。

5

把我当作你的竖琴吧，有如树林：
尽管我的叶落了，那有什么关系！
你巨大的合奏所振起的音乐

将染有树林和我的深邃的秋意：
虽忧伤而甜蜜。呵，但愿你给予我
狂暴的精神！奋勇者呵，让我们合一！

请把我枯死的思想向世界吹落，
让它像枯叶一样促成新的生命！
哦，请听从这一篇符咒似的诗歌，

就把我的话语，像是灰烬和火星
从还未熄灭的炉火向人间播散！
让预言的喇叭通过我的嘴唇

把昏睡的大地唤醒吧！西风呵，
如果冬天来了，春天还会远吗？

（查良铮　译）

《西风颂》是雪莱最著名的作品，是一首政治性诗歌。诗人把西风当作革命力量的象征，横扫落叶，成为一种无处不在的力量；而诗人以西风自喻，表达了自己对旧秩序宣战的决心和对新生活的乐观向往。这首诗把写景与抒情合二为一，韵律强烈，感情奔放。全诗共五个诗节，第一节中主要的意象是西风与落叶，西风吹扫落叶的景象是诗人对旧事物必将被摧毁的直接表达；第二节继续引入了雨、电、海洋等意象，"天空和海洋的纠缠的枝干"指的就是即将被摧毁的顽固的英国反动势力；第三节雪莱描述了西风在海上的巨大威力。前三节以气势磅礴的场景衬托西风这一"破坏者兼保护者"的势不可挡，传达的是雪莱对抗反对势力的必胜的决心。第四与第五节，诗人把自己与西风合为一体，渴望像西风一样无处不在，把革命思想后传播到各个角落；同时也表达了自己愿意为革命牺牲的决心。全诗最后一句"如果冬天来了，春天还会远吗？"已成为无人不晓的名句，雪莱也因此被恩格斯誉为"天才的预言家"。

Questions:

1. How does the poet exemplify poetic inspiration in this poem?
2. What is the traditional purpose of an ode? How does Shelly handle this poetic device?
3. In what ways does the metaphor function in this poem?

九、约翰·济慈（John Keats，1795—1821）

约翰·济慈出生于18世纪末的伦敦，他是英国历史上杰出的诗人之一，也是浪漫派诗人的主要代表。济慈1795年出生于伦敦，八岁时他的父亲去世，六年后母亲也离开人世。他在埃菲尔德学校接受教育，并和校长的儿子查尔斯·考登·克拉克成为朋友，克拉克引导济慈接触埃德蒙·斯宾塞的作品，激发了济慈文学创作的兴趣。济慈15岁辍学，他的监护人把他送到一位外科医生那里当学徒。他继续保持和克拉克的联系，克拉克把他引荐给利·亨特，一位颇有影响力的激进杂志《观察家》（*Examiner*）的编辑。通过亨特，他又结识了雪莱和华兹华斯。

在亨特的帮助下，济慈发表了人生中早期的十四行诗《初读查普曼译荷马有感》（*On First Looking into Chapman's Homer*, 1816）等，以及第一部作品集《诗集》（*Poems*, 1817），济慈早期的作品包括第一首诗《仿斯宾塞》都收录在这部作品集中。1818年，济慈写成《安迪密恩》（*Endymion*），这部以古希腊神话为题材的诗歌想象丰富，气势恢宏，充满了对自由和激情的向往，却因激进的观点遭到了评论界的负面评价。1818年至1820年是济慈创作的鼎盛时期，这期间他完成了《伊莎贝拉》（*Isabella, or The Poet of Basil*）、《海伯利安》（*Hyperion*）、《圣亚尼节前夜》（*The Eve of St. Agnes*）等长诗，一些脍炙人口的短诗也是在这一时期完成，包括《夜莺颂》（*Ode to a Nightingale*）、《希腊古瓮颂》（*Ode on a Grecian Urn*）、《秋颂》（*To Autumn*）、《忧郁颂》（*Ode on Melancholy*）等。济慈一生饱受疾病困扰，于1821年2月23日在意大利去世，年仅26岁。在济慈去世的时候，他对英国诗坛的贡献已十分瞩目。

济慈年少时父母相继去世，这种早年失去双亲的悲伤一直影响着他；而济慈天生敏感的性格使他对美的东西十分向往，而且他追求的不是表面美丽的东西，他认为"美即是真，真即是美"。因此济慈的诗歌既不同于"湖畔派"歌咏自然的热情，也不同于拜伦、雪莱赞颂革命的激情，他的诗中既有夜莺的歌声，也有孤独和忧郁——"我或许活不到那一天"（《每当我害怕》，查良铮译）。

【经典诗歌鉴赏】

On First Looking into Chapman's Homer

Much have I travell'd in the realms of gold[1],
　And many goodly states and kingdoms[2] seen;
　Round many western islands have I been
Which bards in fealty to Apollo hold.
Oft[3] of one wide expanse had been told
　That deep-brow'd Homer ruled as his demesne;
　Yet did I never breathe its pure serene

1　Much have I travell'd in the realms of gold：这是诗人的比喻，把自己读书的经历比作游历，探索黄金宝地就是学习未知的知识。

2　goodly states and kingdoms：指的是优秀的文学作品。

3　oft：often。

Till I heard Chapman speak out loud and bold:
Then felt I like some watcher of the skies
　　When a new planet swims into his ken;
Or like stout Cortez¹, when with eagle eyes
　　He star'd at the Pacific — and all men
Look'd at each other with a wild surmise —
　　Silent, upon a peak in Darien².

【参考译文】

初读查普曼译荷马有感

我已经遨游过不少黄金的领域，
造访了许多美好的城邦和国度；
我曾经巡回许多西方的岛屿，
那里歌者一律效忠的是阿波罗。
人们时常对我提到一广袤的空间，
属于那眉目深陷的荷马统治之邑；
但我从未呼吸到那纯净肃穆的空气，
直到这一刻聆听查普曼的朗声长吟。
我感觉如同一浩浩太空的凝望者
当一颗全新的星球泅入他的视野；
或者就像那果敢的戈奥迭，以他
苍鹰之眼注视太平洋——当所有水手
都面面相觑，带着荒忽的设想——
屏息于大雷岩之巅。

（杨牧　译）

《初读查普曼译荷马有感》是济慈早期创作的十四行诗，已经显示出诗人驾驭诗歌的非凡能力。在读了查普曼所译的荷马史诗——《伊利亚特》（*Iliad*）和《奥德赛》（*Odyssey*）之后，年轻的济慈被诗中迸发的热情和蕴含的生机所吸引，意犹未尽遂作此诗。这是一首彼特拉克体十四行诗（Petrarchan Sonnet），可以分为两部分：前八行诗（abba abba）和后六行诗（cd cd cd）。第一部分是诗人叙

1　Cortez：科尔蒂斯（Hernando Cortez, 1485—1547），西班牙探险家，墨西哥的发现者。
2　Darien：加勒比海的达连海湾，在巴拿马和哥伦比亚中间。

述自己读书的感受,第二部分是诗人把读完查普曼所译《荷马史诗》的感受与自己读书的经历结合起来做了对比。这首诗最大的特点就是拥有丰富的想象力和运用充足的典故。诗人把自己的阅读经历比作"遨游"和"巡回岛屿",这与我们通常把无尽的知识比作海洋是一致的;阿波罗、新星和苍鹰等典故都是济慈用来形容自己读了《荷马史诗》之后的激动心情,如同进入了一个全新的世界。

Questions:

1. What could be the meaning of "the realms of gold" in the first line?
2. What is the impact of Homer on the poet?
3. What is the comparison in this poem that holds the whole poem together?

Ode on a Grecian Urn

Thou still unravished bride of quietness,
Thou foster-child of silence and slow time,
Sylvan historian [1], who canst thus express
A flowery tale more sweetly than our rhyme:
What leaf-fringed legend haunts about thy shape
Of deities or mortals, or of both,
In Tempe [2] or the dales of Arcady [3]?
What men or gods are these? What maidens loath?
What mad pursuit? What struggle to escape?
What pipes and timbrels? What wild ecstasy?

Heard melodies are sweet, but those unheard
Are sweeter; therefore, ye soft pipes, play on;
Not to the sensual ear, but, more endeared
Pipe to the spirit ditties of no tone:
Fair youth, beneath the trees, thou canst not leave
Thy song, nor ever can those trees be bare;
Bold lover, never, never canst thou kiss,
Though winning near the goal — yet, do not grieve;

---

1 Sylvan historian:森林史家,把古瓮比作历史学家,记录了发生在林间的久远的事件。
2 Tempe:古希腊西沙里的山谷,风景优美。
3 Arcady:古希腊的一个地区,一个类似于世外桃源的地方。

She cannot fade, though thou hast not thy bliss,
For ever wilt thou love, and she be fair!

Ah, happy, happy boughs! that cannot shed
Your leaves, nor ever bid the spring adieu;
And, happy melodist, unwearied,
For ever piping songs for ever new;
More happy love! more happy, happy love!
For ever warm and still to be enjoyed,
For ever panting and for ever young;
All breathing human passion far above,
That leaves a heart high-sorrowful and cloyed,
A burning forehead, and a parching tongue.

Who are these coming to the sacrifice?
To what green altar, O mysterious priest,
Lead'st thou that heifer lowing at the skies,
And all her silken flanks with garlands drest?
What little town by river or sea shore,
Or mountain — built with peaceful citadel,
Is emptied of its folk, this pious morn?
And, little town, thy streets forevermore
Will silent be; and not a soul to tell
Why thou art desolate, can e'er return.

O Attic[1] shape! Fair attitude! with brede
Of marble men and maidens overwrought,
With forest branches and the trodden weed;
Thou, silent form, dost tease us out of thought
As doth eternity: Cold Pastoral!
When old age shall this generation waste,
Thou shalt remain, in midst of other woe
Than ours, a friend to man, to whom thou say'st,

1　Attic：古希腊城邦雅典式的，希腊的。

"Beauty is truth, truth beauty!" — that is all
Ye know on earth, and all ye need to know.

【参考译文】

希腊古瓮颂

你委身"寂静"的、完美的处子,
受过了"沉默"和"悠久"的抚育,
呵,田园的史家,你竟能铺叙
一个如花的故事,比诗还瑰丽:
在你的形体上,岂非缭绕着
古老的传说,以绿叶为其边缘;
讲着人,或神,敦陂或阿卡狄?
呵,是怎样的人,或神!在舞乐前
多热烈的追求!少女怎样地逃躲!
怎样的风笛和鼓谣!怎样的狂喜!

听见的乐声虽好,但若听不见
却更美;所以,吹吧,柔情的风笛;
不是奏给耳朵听,而是更甜,
它给灵魂奏出无声的乐曲;
树下的美少年呵,你无法中断
你的歌,那树木也落不了叶子;
卤莽的恋人,你永远、永远吻不上,
虽然够接近了——但不必心酸;
她不会老,虽然你不能如愿以偿,
你将永远爱下去,她也永远秀丽!

呵,幸福的树木!你的枝叶
不会剥落,从不曾离开春天;
幸福的吹笛人也不会停歇,
他的歌曲永远是那么新鲜;
呵,更为幸福的、幸福的爱!
永远热烈,正等待情人宴飨,
永远热情地心跳,永远年轻;

幸福的是这一切超凡的情态:
它不会使心灵餍足和悲伤,
没有炽热的头脑,焦渴的嘴唇。

这些人是谁呵,都去赶祭祀?
这作牺牲的小牛,对天鸣叫,
你要牵它到哪儿,神秘的祭司?
花环缀满着它光滑的身腰。
是从哪个傍河傍海的小镇,
或哪个静静的堡寨山村,
来了这些人,在这敬神的清早?
呵,小镇,你的街道永远恬静;
再也不可能回来一个灵魂
告诉人你何以是这么寂寥。

哦,希腊的形状!唯美的观照!
上面缀有石雕的男人和女人,
还有林木,和践踏过的青草;
沉默的形体呵,你像是"永恒"
使人超越思想:呵,冰冷的牧歌!
等暮年使这一世代都凋落,
只有你如旧;在另外的一些
忧伤中,你会抚慰后人说:
"美即是真,真即是美",这就包括
你们所知道、和该知道的一切。

(查良铮 译)

《希腊古瓮颂》从一个古瓮上面的图案入手,探索美与真的关系。在诗的开头,诗人就道出了这个瓮的古老——"你委身'寂静'的、完美的处子,/受过了'沉默'和'悠久'的抚育";接着通过自己的想象构建出古希腊人美好的田园生活,这些都是诗人对古希腊文明十分喜爱的佐证。诗中具体展现了两个场景:一是一位青年追求自己喜爱的姑娘却始终求而不得的场景;二是村民祭祀的场景。这两个场景象征爱情与信仰,被艺术家以绘画的形式在古瓮上永远地保存了下来。诗人从古希腊文化中获得灵感,并通过自己的想象和加工,最后呈现给读者一幅色彩斑斓的画面,并在最后探讨了美和永恒,得出了"美即是真,真即是美"的结论,这句名言概括了济慈对美的认知和他诗歌创作的基调。

Questions:

1. Note that after the predominantly visual imagery of the first two stanzas, the last stanza emphasizes auditory imagery. Why is this shift of imagery especially appropriate?

2. In this poem, Autumn is personified. What personality is indicated? What does descriptive detail in each of the three stanzas contribute to the definition of that personality? How is the personality related to the mood of the poem — and the theme?

3. The poem has often been admired for its richness and appropriateness of rhythm. Get fully soaked in the poem and then discuss this topic.

4. The poem has also been admired for its precise and suggestive diction. Locate words and phrases which seem to justify this admiration. Or do you find any?

十、罗伯特·勃朗宁(Robert Browning, 1812—1889)

罗伯特·勃朗宁是维多利亚时期十分重要的诗人和剧作家,与丁尼生齐名。勃朗宁 1812 年出生于伦敦一个富裕的家庭,父亲是一位颇有修养的银行高级职员,勃朗宁在诗歌、绘画、音乐和雕塑等艺术领域均有一定的才华,而在诗歌戏剧方面尤为突出。勃朗宁天资聪颖,涉猎书籍甚广,喜爱雪莱、济慈的诗歌,并从少年时期就开始了诗歌创作。20 岁时发表自己的第一首诗《波琳》(*Pauline*, 1833),这是一首带有自传性质的长诗,被批评为"带有强烈病态的自我意识"。1835 年,勃朗宁发表了长诗《帕拉赛尔萨斯》(*Paracelsus*),讲述了一个中世纪医生不顾迫害而追求真理献身医学的悲剧故事。1837 年他继续以历史故事为题材创作了《斯特拉福德》(*Stratfford*),讲述了被处决的查理一世的宠臣的故事。从 1841 年至 1846 年,勃朗宁创作了六部戏剧。1842 年和 1845 年分别发表了《戏剧抒情诗》(*Dramatic Lyrics*)和《戏剧罗曼司和抒情诗》(*Dramatic Romances and Lyrics*),发展出了一种全新的诗歌形式——戏剧独白(dramatic monologue)。《我已故的公爵夫人》(*My Last Duchess*)是这一独特诗歌体裁的杰出代表,讲述了一位公爵与人的谈话,从公爵说的内容中可以断断续续地了解到公爵夫人与画家的爱情,并且公爵因此杀了她。勃朗宁后期最重要的作品是叙事长诗《指环与书》(*The Ring and the Book*),这部长诗由 12 章组成,取材于 17 世纪罗马的一起谋杀案,讲述了年老的伯爵贪图少女的美貌,犯下了一系列罪行并最终被判刑的故事。全诗都采用了戏剧独白的形式,是勃朗宁对这一体裁应用的最高成就。

勃朗宁对英国诗歌最大的贡献就是创造了戏剧独白这一独特的诗歌体裁,并且运用这一体裁写出了不少成功的作品,塑造了一批性格鲜明的角色。勃朗宁诗歌的另一特征是诗歌多为片段描写，故事的背景、前因后果只能由读者自行猜想。勃朗宁的诗歌有晦涩难懂的特点，这与人物性格的错综复杂一致，这一点对后来的英美诗人如叶芝、艾略特、庞德等都有不可忽视的影响。

【经典诗歌鉴赏】

My Last Duchess

That's my last Duchess painted on the wall,
Looking as if she were alive. I call
That piece a wonder, now: Frà Pandolf's[1] hands
Worked busily a day, and there she stands.
Will't please you sit and look at her? I said
"Frà Pandolf" by design, for never read
Strangers like you that pictured countenance,
The depth and passion of its earnest glance,
But to myself they turned (since none puts by
The curtain I have drawn for you, but I)
And seemed as they would ask me, if they durst,
How such a glance came there; so, not the first
Are you to turn and ask thus. Sir, 'twas not
Her husband's presence only, called that spot
Of joy into the Duchess' cheek: perhaps
Frà Pandolf chanced to say, "Her mantle laps
Over my lady's wrist too much" or "Paint
Must never hope to reproduce the faint
Half-flush that dies along her throat": such stuff
Was courtesy, she thought, and cause enough
For calling up that spot of joy. She had
A heart — how shall I say? — too soon made glad,
Too easily impressed; she liked whate'er
She looked on, and her looks went everywhere.
Sir, 'twas all one! my favour at her breast,

---

[1] Frà Pandolf: 诗中画家的名字，公爵夫人的画像就是这位虚构的画家所作，Frà 意为"教兄"，当时的许多画家是教士。

The dropping of the daylight in the West,
The bough of cherries some officious fool
Broke in the orchard for her, the white mule
She rode with round the terrace — all and each
Would draw from her alike the approving speech,
Or blush, at least. She thanked men, — good! but thanked
Somehow — I know not how — as if she ranked
my gift of a nine-hundred years old name
With anybody's gift. Who'd stoop to blame
This sort of trifling? Even had you skill
In speech — (which I have not) — to make your will
Quite clear to such an one, and say, "Just this
Or that in you disgusts me; here you miss,
Or there exceed the mark" — and if she let
Herself be lessoned so, nor plainly set
Her wits to yours, forsooth, and made excuse,
— E'en then would be some stooping; and I choose
Never to stoop. Oh, sir, she smiled, no doubt,
Whene'er I passed her; but who passed without
Much the same smile? This grew; I have commands;
Then all smiles stopped together. There she stands
As if alive. Will 't please you rise? We'll meet
The company below then. I repeat,
The Count your master's known munificence
Is ample warrant that no just pretence
Of mine for dowry will be disallowed;
Though his fair daughter's self, as I avowed
At starting, is my object. Nay, we'll go
Together down, sir. Notice Neptune, though,
Taming a sea-horse, thought a rarity,
Which Claus of Innsbruck[1] cast in bronze for me!

---

1 Claus of Innsbruck: Innsbruck 的雕塑家，与画家一样均为虚构。

【参考译文】

我的前公爵夫人

墙上的这幅画是我的前公爵夫人,
看起来就像她活着一样。如今,
我称它为奇迹:潘道夫师的手笔
经一日忙碌,从此她就在此站立。
你愿坐下看看她吗?我有意提起
潘道夫,因为外来的生客(例如你)
凡是见了画中描绘的面容、
那真挚的眼神的深邃和热情,
没有一个不转向我(因为除我外
再没有别人把画上的帘幕拉开),
似乎想问我可是又不大敢问;
是从哪儿来的——这样的眼神?
你并非第一个人回头这样问我。
先生,不仅仅是她丈夫的在座
使公爵夫人面带欢容,可能
潘道夫偶然说过:"夫人的披风
盖住她的手腕太多,"或者说:
"隐约的红晕向颈部渐渐隐没,
这绝非任何颜料所能复制。"
这种无聊话,却被她当成好意,
也足以唤起她的欢心。她那颗心——
怎么说好呢?——要取悦容易得很,
也太易感动。她看到什么都喜欢,
而她的目光又偏爱到处观看。
先生,她对什么都一样!她胸口上
佩戴的我的赠品,或落日的余光;
过分殷勤的傻子在园中攀折
给她的一枝樱桃,或她骑着
绕行花圃的白骡——所有这一切
都会使她同样地赞美不绝,
或至少泛起红晕。她感激人——好的!

但她的感激（我说不上怎么搞的）
仿佛把我赐她的九百年的门第
与任何人的赠品并列。谁愿意
屈尊去谴责这种轻浮举止？即使
你有口才（我却没有）能把你的意志
给这样的人儿充分说明："你这点
或那点令我讨厌。这儿你差得远，
而那儿你超越了界限。"即使她肯听
你这样训诫她而毫不争论，
毫不为自己辩解，——我也觉得
这会有失身份，所以我选择
绝不屈尊。哦，先生，她总是在微笑，
每逢我走过；但是谁人走过得不到
同样慷慨的微笑？发展至此，
我下了令：于是一切微笑都从此制止。
她站在那儿，像活着一样。请你起身
客人们在楼下等。我再重复一声：
你的主人——伯爵先生闻名的大方
足以充分保证：我对嫁妆
提出任何合理要求都不会遭拒绝；
当然，如我开头声明的，他美貌的小姐
才是我追求的目标。别客气，让咱们
一同下楼吧。但请看这海神尼普顿
在驯服海马，这是件珍贵的收藏，
是克劳斯为我特制的青铜铸像。

（飞白　译）

《我的前公爵夫人》是罗伯特·勃朗宁的标签式作品，也是戏剧独白的典型代表。这首诗的内容就是一位文艺复兴时期意大利公爵的独白，他的夫人刚刚去世，他准备迎娶一位伯爵的女儿为妻，伯爵派遣了使者前来谈论嫁妆事宜，公爵对着画像向使者介绍了他已故的公爵夫人。故事取材于意大利的公爵（Alfonso II, Duke of Ferrara）的经历，公爵杀妻的真实性不得而知，但公爵完美地体现了戏剧独白中人物复杂多变的性格，虽贵为公爵，却心胸狭窄、冷酷阴险。诗人借主人公之口交代了故事的人物、情节和场景，而沉默不语的聆听者为诗歌增添了戏剧性。公爵的暗示性语言例如"让咱们一同下楼吧"提醒了读者他一直存在。

从公爵的独白中我们可以感知到他因为嫉妒杀死了与画家相爱的公爵夫人,并且说了很多指责夫人的话,却在无意之中向读者展示了一个善良纯洁的女子形象。

Questions:

1. Explain the poem's action, that is, "who, where, when, and why" of the poem, or who is speaking to whom, at what time and for what purpose.
2. What is the role the listener plays in this poem?
3. What is the Duke's attitude to his Duchess?
4. What does the ending reveal about the Duke?

十一、阿尔弗雷德·丁尼生(Alfred Tennyson, 1809—1892)

阿尔弗雷德·丁尼生与勃朗宁一样,是维多利亚时期的重要诗人。与勃朗宁不同的是,丁尼生在世时就已经是维多利亚时期最受欢迎的诗人。1809年出生于英国林肯郡一个乡村牧师家庭,丁尼生自幼就广泛阅读父亲的藏书,后进入剑桥大学学习。1829年他出版了诗集《廷巴克图》(*Timbuctoo*),1830年出版了诗集《抒情诗集》(*Poems, Chiefly Lyrical*),里面收录了颇受评论家喜爱的《马里亚纳》(*Mariana*)。1842年出版的两卷本《诗歌》(*Poems*)大获成功,赢得评论家和读者的一致好评。其中收录的长诗《公主》(*The Princess*)是丁尼生无韵体抒情诗的代表作品。1850年,丁尼生的长诗《悼念》(*In Memoriam*)完成,这是丁尼生为悼念挚友哈勒姆(Arthur Hallam)所作。哈勒姆在22岁突然去世,这对丁尼生产生了极深刻的影响,也是他的多数诗歌带有伤感气息的原因之一。

《悼念》包括131首短诗,是英国诗歌史上最伟大的挽歌之一。这部长诗充满了音乐美和张力美,是丁尼生最经得起考验的作品,诗人因此获得桂冠诗人的称号。在《悼念》中,丁尼生把对挚友离去的悲伤和怀念上升为对整个人类的关怀,对人的生活和遭受的苦难进行思考,探讨了生与死以及宗教的问题,并憧憬了来世。丁尼生其他重要的作品包括诗歌《尤利西斯》(*Ulysses*)、诗剧《玛丽女王》(*Queen Mary*)和《哈罗德》(*Harold*)等。丁尼生所生活的时代是英国资本主义迅速扩张的时代,英国在全世界范围内大肆殖民称霸,丁尼生却没有为帝国的强盛而大唱赞歌,反倒感受到了英国在剧烈的社会变革中出现的道德危机和价值转换,因此,他的作品较多地关注道德伦理。同时,丁尼生的作品还充满了忧郁的气息,带有当时特有的文学价值,表现出他对旧时代旧秩序的怀念和对高尚道德的尊崇。丁尼生的诗歌精准地反映了他那个时代的主流思想和见解,这也是同时期的其他诗人所无法比拟的。

【经典诗歌鉴赏】

Break, Break, Break

Break, break, break,
On thy cold grey stones, O Sea!
And I would[1] that my tongue could utter
The thoughts that arise in me.

O[2] well for the fisherman's boy,
That he shouts with his sister at play!
O well for the sailor lad,
That he sings in his boat on the bay!

And the stately ships go on
To their haven under the hill;
But O for the touch of a vanish'd hand,
And the sound of a voice that is still!

Break, break, break,
At the foot of thy crags[3], O Sea!
But the tender grace of a day that is dead
Will never come back to me.

【参考译文】

渤泙声声

渤泙声声似哭泣,
澥波澜注冲苍岩!
口张舌举述衷肠,
思绪如潮万千阕。

---

1 would: wish.
2 O: 感叹词。
3 crags: rough steep masses of rock.

渔家男童今何在，
昔日呼妹嬉海潮！
船家水手何处觅，
歌声悠扬海湾飘！

江船肃穆归纷纷，
夜泊山村凹口渡。
但愿重执子之手，
不闻君声在何处！

渤泙声声似哭泣，
苍岩脚下作坟地！
柔情岁月渐行远，
盼君归来竟成忆。

（颜林海　译）

这首诗是丁尼生在好友哈勒姆去世之后所作，表达了他对朋友的怀念和自己对世界的看法。这是一首简单明朗的诗，却蕴藏着强烈的感情。从诗的题目接连用三个"break"就可以看出，诗人内心涌起的悲痛情感就像拍打海岸边岩石的海浪，既强烈又经久不息。他把自己的情绪与想象中无忧无虑的孩童玩耍的场景结合在一起，在表露自己惋惜、怀念之情的同时，又看到了人类不息的生命力，希望美好生活能够延续。

Questions：

1. What is the attitude of the narrator toward the youth in this poem?
2. What do we infer about the attitude of Nature toward death of this youth?
3. What is the function of the sea in this poem?

十二、威廉·巴特勒·叶芝（W. B. Yeats, 1865—1939）

威廉·巴特勒·叶芝是爱尔兰著名的诗人、剧作家和散文家，是"爱尔兰文艺复兴运动"的领袖。叶芝受到了浪漫主义、象征主义、神秘主义、玄学诗等流派的影响，又演变出自己独特的风格。

叶芝所生活的时期爱尔兰正处于动荡阶段，爱尔兰人民遭遇了贫穷和饥饿危机，苦苦挣扎。当时爱尔兰的土地实际上由英格兰政府控制，宗教上信奉天主教的爱尔兰人一直被英国政府视为异端，爱尔兰与英国之间的矛盾在1845年爆发的爱尔兰大饥荒的刺激下迅速恶化，民族运动风起云涌。

叶芝出生于都柏林附近的山迪蒙（Sandymount），父亲是一位画家，因此叶芝早年也学习绘画，并曾经是伦敦艺术团的成员。叶芝还在读高中时就已经开始尝试写诗，1884年就读于都柏林大都会艺术学校，后来放弃绘画而专心从事诗歌创作。1886年写出了第一部诗歌戏剧《摩沙达》（Mosada），1887年发表诗歌《戈尔国王的疯狂》（The Madness of King Goll），1888年发表《爱尔兰乡村的神话和民间故事集》，1889年发表了《乌辛的流浪》（The Wandering of Osin），1893年出版了散文集《凯尔特的薄暮》（The Celtic Twilight）。随着这些诗歌的发表，叶芝也渐渐地在爱尔兰文坛站稳脚跟。1889年叶芝认识了茅德·冈（Maud Gonne），一位热衷于爱尔兰民族运动的女演员，叶芝对她持续一生的爱恋对他自己的诗歌创作产生了不可磨灭的影响。1893年，叶芝写出了他最著名的诗《当你老了》（When You Are Old），以独特的视角和深情的语言向茅德·冈表达了深深的爱意。叶芝早期创作的诗歌主要是模仿雪莱和斯宾塞，具有浪漫主义诗歌的特点，善于营造梦幻般的氛围，也倾向于采用华丽的诗歌体裁。《神秘的玫瑰》（The Secret Rose，1897）、《苇间风》（The Wind Among the Reeds，1899）、《在七重林中》（In the Seven Woods，1903）等作品都带有这一特点。在庞德等人的影响下，尤其是在亲自参加了爱尔兰民族运动之后，叶芝的写作风格发生了极大变化，开始由带有浪漫主义色彩的象征主义向现代主义转变，并超越了现代主义。晚年的叶芝也是笔耕不辍，创作了大量的优秀诗歌，《第二次圣临》（The Second Coming，1919）、《丽达与天鹅》（Leda and the Swan，1923）等多数诗歌都与政治有关，作为一个坚定民族主义者的叶芝参与政治斗争之后把民族运动的实践与诗歌创作结合在一起。《拜占庭》（Byzantium，1930）以及《驶向拜占庭》（Sailing to Byzantium，1928）则表达了叶芝晚年的心境，他把拜占庭视为艺术和智慧的象征，厌倦了尘世而向往永恒存在的艺术世界。

叶芝一生都对神秘主义兴趣浓厚，这一点也是他诗歌创作的主体；而爱尔兰的民族运动则是他在现实世界中奋斗的痕迹，这两点共同存在于叶芝的诗里，因而他的诗歌具有英雄主义和神秘主义双重色彩。叶芝的文学创作形式多样，包括诗歌、戏剧、散文和小说，他的诗歌语言上富有美感，想象丰富，感情热烈，是民族性和艺术性的完美统一。1923年，叶芝获得诺贝尔文学奖。他的文学思想和创作风格对爱尔兰和世界文学都产生了深远影响，而在诗歌领域，叶芝的诗歌以神秘的意象开辟了现代主义诗歌的先河，在诗歌发展史上担任了承前启后的角色。

【经典诗歌鉴赏】

The Lake Isle of Innisfree[1]

I will arise and go now, and go to Innisfree,
And a small cabin build there, of clay and wattles made:
Nine bean-rows will I have there, a hive for the honey bee,
And live alone in the bee-loud glade.

And I shall have some peace there, for peace comes dropping slow,
Dropping from the veils of the morning to where the cricket sings;
There midnight's all a glimmer, and noon a purple glow,
And evening full of the linnet's wings.

I will arise and go now, for always night and day
I hear lake water lapping with low sounds by the shore;
While I stand on the roadway, or on the pavements gray,
I hear it in the deep heart's core.

【参考译文】

茵纳斯弗利岛

我就要动身走了,去茵纳斯弗利岛,
搭起一个小屋子,筑起泥笆房;
支起九行芸豆架,一排蜜蜂巢,
独个儿坐着,树荫下蜂群嗡嗡唱。

我就会得到宁静,它徐徐下降,
从早晨的面纱落到蟋蟀歌唱的地方;
午夜是一片闪亮,正午是一片紫光,
傍晚到处飞舞着红雀的翅膀。

我就要动身走了,因为我听到

---

1 Innisfree:爱尔兰神话传说中的一个小岛,位于爱尔兰的西部。

那水声日日夜夜轻拍着湖滨；
不管我站在车行道或灰暗的人行道，
都在我心灵的深处听见这声音。

（袁可嘉　译）

这是一首叶芝早年创作的诗歌，语言精雕细琢，韵律工整。诗人引用了爱尔兰神话和民间传说，描绘了一幅世外桃源般的景象。茵尼斯弗利岛是爱尔兰传说中的一个湖心岛，诗人以这个为主题写出了自己对宁静生活的向往。诗中既有静态的意象如泥笆房、芸豆架，也有动态的意象如蜜蜂、蟋蟀、红雀和湖水，这些都衬托出小岛的静谧，并贯穿全诗。诗中共有三节，每一节都是诗人编织的美丽画面，这些幻想是早期叶芝诗歌中必不可少的场景，也是诗人对恬静悠闲生活的憧憬。这首诗保留了浪漫主义诗歌中清新质朴的特点，摒弃了唯美主义的华而不实，是叶芝早期诗歌创作中的精品。

Questions：

1. Why does the poet want to go to Innisfree?
2. Does Innisfree exist anywhere other than in his "deep heart's core"?
3. What do you think the speaker will do on Innisfree?
4. In what ways do various rhythmic and other sound effects convey the messages of the poem?

When You Are Old

When you are old and grey and full of sleep,
And nodding by the fire, take down this book[1],
And slowly read, and dream of the soft look
Your eyes had once, and of their shadows deep[2];

How many loved your moments of glad grace,
And loved your beauty with love false or true,
But one man loved the pilgrim Soul in you,
And loved the sorrows of your changing face[3];

1　this book：指叶芝献给茅德·冈的诗集。
2　their shadows deep：指深邃的双眸。
3　the sorrows of your changing face：隐藏在严肃面容下的深沉的感情。

And bending down beside the glowing bars,
Murmur, a little sadly, how Love fled
And paced upon the mountains overhead
And hid his face amid a crowd of stars.

【参考译文】

当你老了

当你年老时，发鬓人欲眠，
倦坐炉边憩，请取此诗卷，
细品慢读间，梦见昔时眼，
明眸意柔柔，倒影深绵绵；

多少人爱你，玉貌逢绮年，
真情或假意，皆为你容颜，
唯独此一人，爱你至诚魂，
纵然红颜老，爱你岁月痕；

熊熊炉火边，伛偻步蹒跚，
喃喃低声语，浅浅凄凄然，
爱神不复现，徒步在山巅，
密密群星里，藏起他的脸。

（傅霞 译）

《当你老了》是叶芝最著名的一首诗，是他对茅德·冈的深情表白。叶芝在1889年初次遇到茅德·冈并对她一见钟情，却始终求而不得，自此这位"有着朝圣者灵魂"的女性成了叶芝爱情的信仰和灵感的源泉。不同于以往的爱情诗，叶芝以一位老者的自叙来表露心迹，把时间推到了几十年之后，以平静的倾诉代替了热情的宣泄。全诗以一个假设的时间开头"当你老了"，没有太多描写女子美丽容貌的辞藻，反而勾勒了年老的她——头发花白，睡意昏沉；第二节的升华让我们明白了诗人的良苦用心，之所以没有像其他人那样赞美她的美丽，是因为诗人所爱的是她那如朝圣者般虔诚的灵魂；第三节笔锋一转，似乎在提醒着自己爱恋的茅德·冈，爱情消逝得如此之快，当你回忆起"我"的时候也许"我"已沉睡在繁星之中。诗人的爱情故事是不完美的，而留给世人的这首诗却成为所有人心中最完美的爱情诗。

Questions:

1. How does the speaker distinguish him from the other pursuers of the woman?
2. How do you feel after reading this poem?
3. Explain the ending of the poem.
4. What are the deeper meanings about love that the poet is trying to unveil?

The Second Coming

Turning and turning in the widening gyre [1]
The falcon cannot hear the falconer;
Things fall apart; the centre cannot hold;
Mere anarchy is loosed upon the world,
The blood-dimmed tide [2] is loosed, and everywhere
The ceremony of innocence is drowned;
The best lack all conviction, while the worst
Are full of passionate intensity.

Surely some revelation is at hand;
Surely the Second Coming is at hand.
The Second Coming! Hardly are those words out
When a vast image out of *Spiritus Mundi* [3]
Troubles my sight: somewhere in sands of the desert
A shape with lion body and the head of a man,
A gaze blank and pitiless as the sun,
Is moving its slow thighs, while all about it
Reel shadows of the indignant desert birds.
The darkness drops again; but now I know
That twenty centuries of stony sleep

1　gyre：回旋或盘旋，叶芝用逆向交叉的螺旋来象征人生中的冲突，这也是叶芝的历史观。他认为历史像螺旋一样循环往复，当时的爱尔兰民族危机使他感到新时代即将到来。

2　The blood-dimmed tide：血色的潮流，这是叶芝对刚刚结束的世界大战的预言，他已经察觉到法西斯主义的兴起。

3　*Spiritus Mundi*：宇宙之灵。

Were vexed to nightmare by a rocking cradle,
And what rough beast, its hour come round at last,
Slouches towards Bethlehem to be born?

【参考译文】

基督重临

在向外扩张的旋体上旋转呀旋转,
猎鹰再也听不见主人的呼唤。
一切都四散了,再也保不住中心,
世界上到处弥漫着一片混乱,
血色迷糊的潮流奔腾汹涌,
到处把纯真的礼仪淹没其中;
优秀的人们信心尽失,
坏蛋们则充满了炽烈的狂热。

无疑神的启示就要显灵,
无疑基督就将重临。
基督重临!这几个字还未出口,
刺眼的是从大记忆来的巨兽:
荒漠中,人首狮身的形体,
如太阳般漠然而无情地相觑,
慢慢挪动腿,它的四周一圈圈,
沙漠上愤怒的鸟群阴影飞旋。
黑暗又下降了,如今我明白
二十个世纪的沉沉昏睡,
在转动的摇篮里做起了恼人的噩梦,
何种狂兽,终于等到了时辰,
懒洋洋地倒向圣地来投生?

(袁可嘉 译)

这首诗写于 1919 年 1 月,第一次世界大战结束之后,是叶芝在英国政府派军队镇压了爱尔兰共和党人之后所作,诗人在诗中明确表达了自己的态度。"The Second Coming"一语出自《圣经·新约·马太福音》,第二十四章预测耶稣将在世界末日再度降临人间;而《新约·约翰福音》一书则预测"假基督"的到来。叶芝在诗中把两者结合，认为人类文明面临危机。诗的开始部分描写了"一战"的场景以及"一战"后叶芝眼中的世界，而后面带些玄妙色彩的内容则是叶芝历史观的展现。

Questions:

1. Does Yeats's "The Second Coming" have the same meaning with the second coming of Jesus? Why?
2. What is the hidden meaning behind the falcon image?
3. What is the poet's view of the modern world according to this poem?
4. What functions do the images in this poem serve? What are special about Yeats's poetic images?

十三、威斯坦·休·奥登（Wystan Hugh Auden, 1907—1973）

威斯坦·休·奥登，英国诗人，被评论家评为20世纪最重要的文学家之一，以鲜明的写作风格和高超的写作技巧著称。奥登出生于英格兰约克郡的一个名医家庭，13岁开始写诗，还在牛津大学读书时就成为青年诗人中的核心人物，以他为首的这个诗歌团体也被称为"奥登派"。大学毕业后，奥登到德国学习，在那里接触到了马克思主义并产生了浓厚兴趣，同时对弗洛伊德的学说也有了了解。他寄希望于马克思主义来改善下层人民的悲惨生活，又期望通过弗洛伊德的理论来解决人民精神上的危机。奥登秉持左派的政治思想，反对法西斯，支持同弗朗哥作战的西班牙共和政府。

奥登最初开始尝试写诗时模仿19世纪的浪漫主义诗歌，主要是华兹华斯的诗歌。1928年，奥登创作了自己第一部长篇诗剧《双方付钱》（*Paid on Both Sides*），这部长诗与其他30首短诗一同收录在《诗歌》（*Poems*, 1930）中出版。《诗歌》使奥登名声大噪，正式跃入英国文坛。1932年出版的《演说家》（*The Orators: An English Study*）是一部诗歌散文集，主要讨论了个人英雄崇拜和政治问题，其中的几首诗显示他对于罗伯特·彭斯的诗歌产生了兴趣。奥登的左派政治倾向影响着他的诗歌写作，他撰写了一些以社会问题为主题的作品，其大部分收录在1936年出版的诗集《瞧，陌生人》（*Look, Strangers!*）中。1937年出版的一部诗集《在岛上》（*On This Island*）主要收录奥登一些带有音乐美感的作品。同年，奥登前往西班牙支持西班牙人民的反法西斯斗争，并发表带有政治小册子性质的长诗《西班牙》（*Spain*）。1939年，在访问过处于中日战争中的中国之后，奥登与衣修伍德合著《战地行》（*Journey to War*）。1946年，奥登加入美国国籍，并改信新教。他晚年的作品带强烈的宗教色彩，包括《阿喀琉斯之盾》

(*The Shield of Achilles*, 1955)、《向克莱奥女神致敬》(*Homage to Clio*, 1960)、《在屋内》(*About the House*, 1965)、《无墙的城市》(*City Without Walls*, 1969) 等。奥登被认为是继叶芝和艾略特之后最伟大的英美诗人,作为当时英国新诗人的代表和左翼青年作家的领袖,奥登擅长各种诗体的创作,他的作品关注政治与社会,带有宗教色彩,风格鲜明,对20世纪的文坛影响深远,评论家称其为"20世纪最伟大的英语诗人"。

【经典诗歌鉴赏】

Musee des Beaux Arts

About suffering they were never wrong,
The Old Masters[1]; how well, they understood
Its human position; how it takes place
While someone else is eating or opening a window or just walking dully along;
How, when the aged are reverently, passionately waiting
For the miraculous birth, there always must be
Children who did not specially want it to happen, skating
On a pond at the edge of the wood:
They never forgot
That even the dreadful martyrdom must run its course
Anyhow in a corner, some untidy spot
Where the dogs go on with their doggy life and the torturer's horse
Scratches its innocent behind on a tree.

In Breughel's *Icarus*[2], for instance: how everything turns away
Quite leisurely from the disaster; the ploughman may
Have heard the splash, the forsaken cry[3],
But for him it was not an important failure; the sun shone
As it had to on the white legs disappearing into the green
Water; and the expensive delicate ship that must have seen
Something amazing, a boy falling out of the sky,
had somewhere to get to and sailed calmly on.

1　The Old Masters:泛指古典画家。
2　*Icarus*: *Landscape with the Fall of Icarus*,即布鲁戴尔的名画《伊卡洛斯的坠落》。
3　the forsaken cry:无人理睬的哭喊。

【参考译文】

美术馆

说到苦难，他们从未看错，
古代那些大师：他们深切体认
苦难在人世的地位；当苦难降临，
别人总是在进食或开窗或仅仅默然走过；
当长者正虔诚地、热烈地等，
等奇迹降临，总有孩子们
不特别期待它发生，正巧
在林边的池塘上溜冰：
大师们从不忘记
即使可怖的殉道也必须在一隅
独自进行，在杂乱的一隅
一任狗照常过狗的日子，酷吏的马匹
向一颗树干摩擦无辜的后臀。

例如布鲁果的《伊卡瑞斯》，众人
都悠然不顾那劫难，那农夫可能
听见了水波溅洒，呼救无望，
但是不当它是惨重的牺牲；阳光灿照，
不会不照见白净的双腿没入碧湛
的海波；那豪华优雅的海舟必然看见
一幕奇景，一童子自天而降，
却有路要赶，仍安详地向前航行。

（余光中 译）

《美术馆》是奥登为16世纪荷兰画家布鲁戴尔的名画《伊卡洛斯的坠落》所作。伊卡洛斯是希腊神话中聪慧的工匠第达罗斯之子，第达罗斯为克里特国王建造宫殿，国王为防止泄密把第达罗斯和伊卡洛斯关在迷宫里。心灵手巧的第达罗斯用蜡油和羽毛制作翅膀，然后逃出。伊卡洛斯因为好奇和兴奋，忘记了父亲的叮嘱，飞得过高，导致阳光融化了蜡而毁坏了翅膀，最终伊卡洛斯掉落大海。不幸的一幕在画中并不显眼，整幅画反倒显出田园般的宁静。这传达出一种悲伤的内容：不管个人的苦难多么不幸也都只是自己的体验，旁人是漠不关心的，而这又使苦难显得更加难熬。这首诗与画的主题是一样的，"当苦难降临，别人总是在进食或开窗或仅仅默然走过"、"即使可怖的殉道也必须在一隅独自进行"。整首诗充斥着鲜明的对比，苦难与冷漠、祈祷与嬉戏、殉道与毫无反应的狗和马，诗人以近乎冷酷的口吻和视角描述苦难，这使得诗中的悲观的论调近乎残忍。

Questions:

1. What does the poem suggest about human nature? Do you agree or not? Why or why not?

2. What is the function of the painting about Icarus?

3. Comment on the choice of words and images in the poem. How do they add to the meaning of this poem?

4. What religious elements does the poet rely on in this poem?

第三章 美国诗歌

第一节 美国诗歌简介

一、殖民主义时期（1607—1775）

17世纪初，英国一批在国内备受迫害的清教徒背井离乡来到美洲大陆寻求容身之所，成为这片新大陆上的第一批移民。1620年，他们乘坐"五月花号"（Mayflower）到达普利茅斯，并在船上制定了《五月花公约》（*Mayflower Compact*），奠定了成立自治政府的基础，由此开始了新大陆的开发与建设。从欧洲大陆来的移民不断增多，与原住民印第安人共同在美洲繁衍生息。

这一时期的文学受清教思想影响较大。清教思想从欧洲到美洲经历了一个发展演变过程，最终成为美国清教主义（American Puritanism），在早期的美国发展过程中推动了个性解放，并引导了简单、实用、上帝面前人人平等等信条的确立，而清教主义对美国文学的影响主要体现在对早期文学的渗透上。同时，这批移民大多数信仰加尔文（John Calvin）的教义，笃信拥有至高无上权利的上帝和自我救赎。这些思想反映到诗歌创作上，给诗歌注入了不可忽视的宗教色彩，乐观、简洁、救赎成为文学创作的主题，象征主义则经常出现。这一时期涌现了美国第一位声名卓著的女诗人安妮·布拉德斯特里特（Anne Bradstreet, 1612—1672），和被称为"美国诗歌之父"的菲利普·弗伦诺（Philip Freneau, 1751—1832）。安妮·布拉德斯特里特是美国文学史上第一位诗人，更是第一位女诗人。布拉德斯特里特的人生经历可以分为两个阶段：英格兰阶段和新英格兰阶段。她在英格兰接受了传统的英式教育，奠定了她坚实的文学修养和写作技巧；来到了美洲大陆之后的新鲜经历赋予了她更为丰富多彩的精神世界。这两段迥异的生活经历都反映在她的诗歌创作上，她的诗歌通常从宗教视角讨论个人话题，有时也会关注时事。她的诗歌主要分为大众诗歌和个人诗歌两个大类。她的大众诗歌一般被认为是模仿文艺复兴时期的诗歌，格式工整却鲜有个人感情流露，这与她在欧洲的传统生活经历有关；而她所创作的个人诗歌多反映了新大陆的生活，是诗人对日常生活的感性抒怀。作为女诗人，布拉德斯特里特以独特的视角捕捉并记录了殖民地时期美国的社会生活。

菲利普·弗伦诺是第一位土生土长的美国诗人，他的诗歌也与美国密不可分，从各个层面描写美国是他诗歌的主题。弗伦诺出生于美国一个法国胡格诺教家庭，毕业于普林斯顿大学，先后从事过律师、编辑、记者等多种职业，并涉足过政界与商界。复杂的人生经历为他的文学创作提供了丰富的素材，早年投身政界的弗伦诺经常以犀利的文笔表达对英国殖民统治的不满，创作了许多揭露英国殖民行为的诗歌作品；弗伦诺远渡重洋进行商业活动的经历也使他创作出许多优美的抒情诗歌。弗伦诺的诗歌创作数量多，并且涉及多样化的题材，他的著名作品包括《印第安人墓地》(*The Indian Burying Ground*) 和《野忍冬花》(*The Wild Honey Suckle*)。这些主题和意象均带有浪漫主义色彩的诗歌使弗伦诺成为美国浪漫主义诗歌的先驱。

二、早期浪漫主义时期（1775—1830）

美国浪漫主义文学兴起的历史背景复杂多样。在思想上，北美早期移民从欧洲大陆带来了席卷欧洲的浪漫主义文学，为美国早期浪漫主义文学提供了土壤；在政治上，自由和民主制度为美国浪漫主义文学提供了政治保障。此外，美国的领土扩张和西部开拓为美国浪漫主义文学提供了创作素材和表现舞台，为其产生和发展打下了良好的思想物质基础。美国独立政府的建立是文学发展的转折点。18世纪末，美国的诗歌发展进入史上最伟大的浪漫主义阶段，18世纪70年代到19世纪30年代是浪漫主义发展的初期阶段。威廉·库伦·布莱恩特（William Cullen Bryant, 1794—1878）和埃德加·爱伦·坡（Edgar Allen Poe, 1809—1849）是早期浪漫主义的代表诗人，尤其是被誉为象征主义文学先驱的爱伦·坡，是美国早期文坛的一位传奇人物，对后世影响深远。爱伦·坡出身演员家庭，宣扬唯美主义、神秘主义，受到西欧尤其是法国资产阶级文学颓废派影响很大。爱伦·坡被誉为"侦探小说的鼻祖"、哥特式文学的大师，他所创作的侦探、哥特、悬疑类的短篇小说开创了侦探体小说的先河，成为后世模仿的对象。而在诗歌创作方面，爱伦·坡更是独树一帜，他深信"诗歌最好的主题是死亡，尤其是美丽尤物的死亡，将毫无疑问是世界上最具诗意的主题"。他的代表诗歌作品《致海伦》(*To Helen*) 和《乌鸦》(*The Raven*) 最直接地反映了诗人的这一创作理念——追求"恐怖"与"忧伤"的效果。他的作品广为流传并成为后世作家模仿的对象，正印证了死亡与恐怖这一主题在文学创作中永恒的魅力。

威廉·库伦·布莱恩特也是美国浪漫主义文学运动的发起者之一，他素有"美国的华兹华斯"之称。布莱恩特13岁开始就在刊物上发表作品，从1829年开始，布莱恩特主办《纽约晚邮报》，宣传"自由土地、自由言论、自由劳动、自由人"的思想，在废奴运动的准备过程中起了重要作用。"自然"是美国诗歌一个重要而特殊的主题，布莱恩特作为自然派诗人的先锋，其作品深受华兹华斯的影响。他的作品笔触细腻，想象丰富，引领美国诗歌摆脱了古典主义的桎梏。1808 年，布莱恩特发表了他的第一部诗作《禁运》，对杰斐逊政府进行了批评。1821 年，布莱恩特在剑桥出版了一部诗集，收入了《死亡随想》（*Thanatopsis*）、《致水鸟》（*To a Waterfowl*），及其他早先发表在《北美评论》上的诗作。《死亡随想》是布莱恩特受到墓园挽歌的启发而作，表达了他对死亡的看法——死亡不可避免，人们应该坦然接受并无所畏惧地活在当下；而他最著名的作品《致水鸟》则是带有明显英国浪漫主义烙印的抒情诗歌作品，诗人以鸟喻人，表现处于自我怀疑和绝望中的"我"希望像鸟一样，通过不断的寻觅找到自己的归宿。为了表现该思想主题，诗人运用多种艺术手法，比如类比和暗喻、对称的音节和诗行排列形式等，达到形式与内容的完美契合。正因为如此，英国著名诗人马修·阿诺德（Matthew Arnold，1822—1888）把这首诗称为"所有语言中最完美的短诗"。

三、浪漫主义时期

南北战争前 30 年是浪漫主义诗歌发展的鼎盛时期，美国浪漫主义作家不注重塑造典型环境和典型的人物形象，而转向重点表达强烈的个人感情。大部分的浪漫文学主要描写的是自然景观，借此表达作者对于自然的不同感受，这一现象在诗歌创作方面表现得更为明显。

正式进入浪漫主义时期之后，美国涌现出一批蜚声国际诗坛的优秀诗人，包括亨利·沃兹沃斯·朗费罗（Henry Wadsworth Longfellow，1807—1882）、沃尔特·惠特曼（Walt Whitman，1819—1892）、艾米丽·狄金森（Emily Dickinson，1830—1886）等。美国社会的发展带动了文学的繁荣，这一点在诗歌方面尤其明显。惠特曼的《草叶集》（*Leaves of Grass*）歌颂了自由的美利坚民族，是美国现代文学的鼻祖。惠特曼在诗歌主题和意象上深受布莱恩特的影响，把自然派诗歌的特征进一步放大。惠特曼的人生经历颇为丰富，他做过信差、排字工人、教师、编辑等，经营过小书店和印刷厂。体验过美国各个阶层生活的惠特曼对勤劳热情的美利坚人民和这片自由的土地产生了深深地热爱，因此他不遗余力地赞赏美国人民的勤劳与创造力，歌颂自由和民主。惠特曼用"草叶"这一普通的意象作为自己诗集的名称，是把无处不在且生命力旺盛的野草看作正在成长的美国，也把它当作自己，是诗人向往民主和自由理想的体现，同时也表示诗人用"草一样朴素的语言"进行创作。

朗费罗是美国历史上第一个职业诗人，他的诗歌在题材、体裁以及形式上都受到了英国诗歌的影响，他一生创作的大量抒情诗、叙事诗、歌谣和诗剧曾在美国和欧洲广泛流传，受到赞赏。出生于港口城市的朗费罗拥有广阔的世界观和人生观，他的《人生礼赞》(A Psalm of Life)写于诗人的结发妻子去世之后，而同时他在追求后来成为自己第二任妻子的阿普尔顿时备受折磨，内心充满挫败感的诗人却在诗歌创作中把这种失落转化为奋斗的动力，以慷慨激昂的笔调鼓励人们积极面对人生，以乐观的态度塑造了一个理想的未来世界。虽然朗费罗的诗歌也不免带有忧郁的气质，但与爱伦·坡的忧郁不同的是，朗费罗始终以理性的说教鼓舞人们积极向上。

狄金森是美国典型的浪漫主义诗人，更是美国乃至世界歌坛首屈一指的女诗人，她平凡却传奇的人生经历也为她的诗歌增添了隽永的吸引力。狄金森 25 岁开始离群索居，弃绝社交活动，埋头于诗歌写作。她的诗歌简短，意象独特，极富创造性，主题多为自然、死亡和永生。并且狄金森作品众多，为后世留下近 1800 首诗。她生前仅发表了 7 首诗作，剩下的均是在她去世之后才与世人见面。生前默默无闻的女诗人成为与惠特曼齐名的 19 世纪浪漫派诗人，被 20 世纪美国意象派诗人视为先驱，开创了 20 世纪现代主义诗歌的先河。

四、现代主义时期（19 世纪末—20 世纪中叶）

美国内战的爆发和惠特曼、狄金森等人的去世结束了成就非凡的浪漫主义时期，美国诗歌进入一个较为沉寂的阶段。这一时期是英美诗歌面临转型的重要时间，经过一段时间的沉寂，终于在 20 世纪到来之际迎来了诗歌史上更为辉煌的现代主义时期。一改浪漫主义时期对自然、爱情和生活的赞美，现代主义诗歌更为自由多样，诗歌创作手法上出现了象征主义、印象主义、未来主义、超现实主义等，意象派也成为这一时期备受瞩目的诗歌流派。

罗伯特·弗罗斯特（Robert Frost, 1874—1963）是 20 世纪最受欢迎的美国诗人，他的诗歌相对于其他现代派诗人来说与 19 世纪的诗歌尤其是浪漫派诗歌有很多相似之处，却又充满了现代气息。他的作品拥有强大的魅力，主要描写新英格兰的乡村风景，具有浓郁的乡土气息和抒情意境。他曾四次获得普利策文学奖以及许多其他荣誉，被誉为"美国的桂冠诗人"。其代表作品《未选择的路》(The Road Not Taken)和《雪夜林边》(Stopping by Woods on Snowy Evening)是广为传颂的优秀诗歌。弗罗斯特的诗歌看似简单——语言与意象都是司空见惯的，实则不然，他的诗中充满了矛盾与选择，甚至带有一些哥特式风格，这也是诗人自己人生中所面临的抉择的体现。

与弗罗斯特生活在同一年代的埃兹拉·庞德（Ezra Pound, 1885—1972）是现代主义时期著名的诗人、文学评论家和翻译家，是意象派诗歌的重要人物。他以一首《在地铁站》(In a Station of the Metro) 宣告意象派诗歌的诞生，并从中国古诗和日本俳句中提炼出"意象理论"，为世界诗坛以及东西方诗歌的借鉴交流做出了重要贡献。作为意象主义运动的领导人，庞德认为美国19世纪的诗歌带有一些语言和格式上的缺点，他倡导诗歌创作应该遵循意象的准确性，使用精准简练的语言，反对过多地涉及情感和写作技巧。庞德还翻译了十几首中国古诗，并在他的长诗《诗章》中阐述了孔子的思想，为中西方的文化交流做了很大的努力。

这一时期另一位现代派诗歌的领袖人物托马斯·斯特恩斯·艾略特（Thomas Sterns Eliot, 1888—1965）受到庞德的影响，于1922年发表了长篇诗歌《荒原》(The Waste Land)，该诗篇被誉为20世纪最有影响力的诗歌，是英美诗歌发展史上一部里程碑式的作品。艾略特1888年9月26日出生在美国密苏里州圣路易斯市的一个富裕家庭，母亲曾经写过宗教诗歌，优越而孤独的家庭环境和母亲的影响使他很早开始尝试写诗。艾略特曾在哈佛大学学习哲学和比较文学，接触过梵文和东方文化，对黑格尔派的哲学家颇感兴趣，也曾受法国象征主义文学的影响。艾略特的诗歌和评论对20世纪英美现代主义文学和新批评派都产生了极大的启发，是整个20世纪影响最大的诗人。

卡尔·桑德堡（Carl Sandburg, 1878—1967）是一位多才多艺的诗人，他的作品与前两位诗人不同，主要着眼于美国千千万万的人民，运用平实的语言描写美国开拓时期发展的过程和工业扩张，因此被称为"人民的诗人"。他的主要作品集有《美国歌谣集》(The American Songbag)、《太阳灼伤的西方石板》(Stabs of the Sunburn West)、《蜜与盐》(Honey and Salt) 等，其中《芝加哥》(Chicago) 和《小草》(Grass) 是桑德堡最为著名的诗歌。现代派诗歌在全世界范围内陡然兴起并蓬勃发展，在这一时期，美国涌现出的诗人还有埃德温·阿灵顿·罗宾逊（Edwin Arlington Robinson, 1869—1935）、斯蒂芬·克莱恩（Stephen Crane, 1871—1900）、华莱士·斯蒂文斯（Wallace Stevens, 1879—1955）等人。现代派诗人既与过去决裂又把过去的历史当作自己创作的主题，他们共同创造了20世纪美国诗坛的繁荣景象，并留下大量不朽的诗作。

五、当代美国诗歌（1955— ）

从1945年第二次世界大战结束到1955年这十年时间，是战前现代派诗歌继续统治的时期。20世纪50年代中期开始，美国现代诗歌（Modernist Poetry）与当代诗歌（Contemporary Poetry）开始出现清晰的分界。当代诗歌与现代诗歌是背离却又继承的关系。当代派诗人努力摆脱艾略特的影响，开始尝试不同的诗体和写作方法，当代美国诗坛进入复兴和发展阶段，呈现出让人眼花缭乱的状态，各个诗歌派别风格鲜明。西奥多·罗特克（Theodore Roethke，1908—1963）、罗伯特·罗威（Robert Lowell，1917—1977）、兰斯顿·休斯（Langston Hughes，1902—1967）、伊丽莎白·毕肖普（Elizabeth Bishop，1911—1979）等是美国当代诗人中成就卓越的代表。这一批诗人又被称为"大学才子"，因都在大学受过良好教育并开始创作诗歌，毕业后又大多从事大学教育，其创作风格深受艾略特和庞德以及英国现代派的影响，讲究写作技巧，追求现代主义诗歌的形式和意象美，善用典故。总的来说，这一派诗人属于学院派，其作品大多与现实生活脱离。

与此同时，美国诗坛还存在一批与以艾略特为首的新批评派持反对态度的诗人。以威廉姆斯（William Carlos Williams，1883—1963）为首的诗人强调美国本土诗歌传统，宣扬庞德的反象征主义和玄学倾向的主张。1955 年，一群具有叛逆精神的诗人聚集在旧金山进行了一次诗朗诵会，在会上，艾伦·金斯堡（Allen Ginsburg，1926—1997）朗诵了自己的诗作《嚎叫》（Howl），引起了巨大轰动并从此一举成名。次年，《嚎叫》正式出版，被认为是美国"垮掉的一代"（Beat Generation）的精神旗帜。金斯堡自称在神秘气质上受到英国诗人布莱克的影响，在诗体和精神上继承了惠特曼的传统，并得到同时代的威廉姆斯的熏陶，这种一反现代派作风的神秘的风格和粗犷的行文使他成为当代美国诗坛最具特色的反学院派诗人。

美国当代诗歌的特点就是流派纷呈，以传承为主的学院派和以叛逆为主的反学院派在相互背离和批评中逐渐远离现代主义。除此之外，还出现了自白派——以抒发自己心灵深处的想法为主要目的的主观主义诗歌流派和黑人诗歌——立足于资本主义美国社会抒发黑人种族痛苦的诗歌流派。在对美国诗歌传统的继承与背离中，"自我"进入美国诗歌，政治性和民族性也开始成为美国诗歌的特征。

第二节　重要诗人概述及其经典作品

一、埃德加·爱伦·坡（Edgar Allen Poe，1809—1849）

埃德加·爱伦·坡是美国浪漫主义早期的最著名的小说家、诗人以及文学评论家，他的作品以神秘故事和恐怖小说最为显著，是美国短篇小说的先驱者，同时也被封为悬疑推理小说的鼻祖和象征主义文学的先锋。爱伦·坡长期担任报社编辑，是美国第一位尝试完全以写作谋生的作家，却一生穷困潦倒。

1809 年，爱伦·坡出生于马萨诸塞州的波士顿，随后两年内，其父亲出走，母亲病逝，后被烟草商人约翰·爱伦（John Allen）收养，但与养父并不融洽的关系使他的童年在痛苦中度过。17 岁时他在养父的资助下进入弗吉尼亚大学学习,后因赌博和酗酒被养父带离大学,爱伦·坡于 1827 年,离开家到了波士顿,后来加入西点军校。不到一年之后,因不受严格校规的约束,爱伦·坡在 1831 年被西点军校开除。1827 年坡自费出版诗集《帖木儿》(*Tamerlane and Other Poems*),就此开始了文学生涯。1833 年,坡开始担任《南方文学信使》(*Southern Literary Messenger*) 的编辑,再次因为酗酒问题和无法按时交稿而被解除职务。1835 年,他重新得到这份工作,并与他自己 13 岁的表妹弗吉尼亚·克莱姆(Virginia Clemm) 结婚。在弗吉尼亚去世后,坡开始肆无忌惮地酗酒,在精神压抑和贫穷生活的打击之下,他的精神和身体都每况愈下,最终于 1849 年去世,死因成谜。他一生作品众多,其中多数为死亡恐怖小说和悬疑故事,还有少数脍炙人口的诗歌作品。《致海伦》(*To Helen*) 是坡在 14 岁时写给自己朋友的母亲的诗,坡把自己对这位女士的赞美和迷恋通过古希腊美女海伦传达出来。《乌鸦》(*The Raven*) 发表于 1845 年,被认为是西方朦胧意象诗的开山之作,是坡最典型、最具代表性的作品。这首诗由 18 个诗节组成,从方方面面体现了坡的美学思想和创作风格,以哀悼一位美丽的女子为主题,充满忧郁和诡异气息。这首诗虽然遵循了诗歌的传统形式和韵律,诗人却又做了一些剧情上的改变,比如,全诗的开头,诗人以哀悼的语调呈现出悲伤的心情,接着却改变初衷展现出恐怖的气氛,笼罩全诗的是时而幽默时而忧伤的氛围。《安娜贝尔·李》(*Annabel Lee*) 是坡为纪念自己死去的妻子而作,也是坡最后一首诗歌,被认为是他最好的诗作。整首诗简单易读,韵律优美,改变了传统悼亡诗的风格。

埃德加·爱伦·坡一生都以写作为生,却从来没有改变自己生活的窘境,再加上他放浪形骸的生活作风与叛逆不羁的思想,使他生前从未有得到评论界的正面评价。他的诗歌永远只关心美的事情,反对说教;追求快乐而不是真理;格式严谨,措辞精确。坡的诗歌主题广泛:爱情、超自然的美、死亡、恐怖、精神错乱的幻想等等,这种从不关心生存,而仅关注死亡的立意开创了恐怖悬疑和侦探故事,对后世作家影响深远。他反对理性和说教的主张也为美国浪漫主义诗歌开辟了道路。

【经典诗歌鉴赏】

To Helen

Helen, thy beauty is to me
Like those Nicean[1] barks[2] of yore,

---

1 Nicean:(小亚细亚西北部古城)尼西亚的。
2 barks:平底船,三至五桅船。

That gently, o'er a perfumed sea,
　　The weary, way-worn wanderer bore
　　To his own native shore.

On desperate seas long wont to roam,
　　Thy hyacinth[1] hair, thy classic face,
Thy Naiad[2] airs have brought me home
　　To the glory that was Greece,
And the grandeur that was Rome.

Lo! in yon brilliant window-niche
　　How statue-like I see thee stand
The agate[3] lamp within thy hand!
　　Ah, Psyche[4], from the regions which
Are Holy Land!

【参考译文】

致海伦

海伦，你的美丽于我
　　一如尼斯之桅船，
妙曼地拂过芬芳的汪洋，
　　满负着疲倦的羁子
　　驶向那故土的彼岸。

久于这浩淼大海上漂泊，
　　你飘逸的秀发，典雅的面庞
水神般的雅姿带我返航，
　　返回希腊那往昔的辉煌，
返回罗马那旧时的壮丽。

1　hyacinth：风信子，又名洋水仙、五色水仙，原为希腊神话中一位神的名字，他死后阿波罗为了纪念他用他的名字给风信子命名，象征爱情。
2　Naiad：水中仙女、水精灵、水域女神。
3　agate：玛瑙。
4　Psyche：赛琪，希腊神话中的女神，人类灵魂的化身。

看！在那壁龛似的明窗里
你宛若玉雕，娉娉凝立，
手持杯盏玛瑙华灯，
啊！塞姬女神，神圣的天国
才是你的故园！

(赵甡 译)

《致海伦》是爱伦·坡少年时期的作品，实现了他后来一贯坚持的风格和主题，即美，而且是超越自然的美（supernatural beauty）。这首诗是诗人受到自己朋友母亲的启发所作，诗人称她为"我灵魂中第一次纯粹理想的爱"（the first purely ideal love of my soul）。但他并没有在诗中直接谈论自己爱恋的这位女士，而是以古希腊著名美女海伦入手，通过对海伦美丽容貌的赞美，表达自己对爱恋对象的无限倾慕之情。诗的第一节把海伦比作古时奈西亚的帆船，"of yore" 为诗歌增加了古典美；古时的帆船能把英雄带回故乡，而诗人也期望从海伦身上找到通往艺术真理的路。第二节中诗人用风信子来形容海伦的头发，象征感情的风信子这一意象与海伦的意象都来自古希腊神话。第三节诗人更为直接地把海伦比作神话中的女神赛琪（Psyche）。这些并不是真实存在的意象都说明诗人所赞美和追求的爱与美都只存在于神话传说中，而在现实中是难寻踪迹的。这首短诗节奏简洁，在韵律上采用了抑扬格和扬抑格，使诗歌读起来抑扬顿挫，具有强烈的音乐美感，这也与坡一直倡导的诗歌要追求韵律美感的主张相契合。

Questions:

1. Why does the poet connect the lad he admires with Helen?
2. What rhetoric techniques are used?

Annabel Lee

It was many and many a year[1] ago,
In a kingdom[2] by the sea,
That a maiden there lived whom you may know
By the name of Annabel Lee;
And this maiden she lived with no other thought

1　many a year: many years.
2　kingdom: an imaginary place which refers to the kingdom of love.

Than to love and be loved by me.

I was a child[1] and she was a child,
In this kingdom by the sea;
But we loved with a love that was more than love —
I and my Annabel Lee;
With a love that the winged seraphs[2] of heaven
Coveted her and me.

And this was the reason that, long ago,
In this kingdom by the sea,
A wind blew out of a cloud, chilling
My beautiful Annabel Lee;
So that her highborn kinsman came
And bore her away from me,
To shut her up in a sepulchre
In this kingdom by the sea.

The angels, not half so happy in heaven,
Went envying her and me —
Yes! — that was the reason (as all men know,
In this kingdom by the sea)
That the wind came out of the cloud by night,
Chilling and killing my Annabel Lee.

But our love it was stronger by far than the love
Of those who were older than we —
Of many far wiser than we —
And neither the angels in heaven above,
Nor the demons down under the sea,
Can ever dissever my soul from the soul
Of the beautiful Annabel Lee:

1　child：这并不是说诗人与妻子在孩童时期相爱，而是说两人在爱情世界里都显得太不成熟，过于天真。
2　seraphs：六翼天使，《圣经》中身份最高的天使之一。

For the moon never beams without bringing me dreams
Of the beautiful Annabel Lee;
And the stars never rise but I feel the bright eyes
Of the beautiful Annabel Lee;
And so, all the night-tide, I lie down by the side
Of my darling — my darling — my life and my bride,
In the sepulchre there by the sea —
In her tomb by the sounding sea.

【参考译文】

安娜贝尔·李

那是在很多年很多年以前
在大海边一个王国里,
住着位你也许认识的姑娘
她名叫安娜贝尔·李——
那姑娘她活着没别的心愿,
与我相爱是她的心思。

她是个孩子而我也是孩子,
在大海边那个王国里,
但我俩以超越爱的爱相爱——
我和我的安娜贝尔·李——
以一种爱连天上的六翼天使
对她和我也心生妒意。

而这就是原因,在很久以前,
在大海边那个王国里,
趁黑夜从云间吹来一阵冷风
寒彻我的安娜贝尔·李;
于是她出身高贵的亲属前来
从我的身边把她带去。
把她关进了一座石凿的墓穴
在大海边的那个王国里。

在天堂一点也不快活的天使
对她和我一直心存妒意；
对！那就是原因（众所周知，
在大海边那个王国里）
趁黑夜从云间吹来一阵冷风，
冻煞我的安娜贝尔·李。

但我俩的爱远比其他爱强烈
与那些更年长的人相比——
与许多更聪明的人相比——
无论是那些住在天堂的天使
还是那些在海底的鬼蜮
都永远不能将我俩的灵魂分开，
我和我的安娜贝尔·李。

因为当月放光华我总会梦见
我美丽的安娜贝尔·李；
而每当星斗升空我总会看见
她那明亮而美丽的眸子；
所以我整夜都躺在我爱人身旁，
我的爱，我的生命，我的新娘
在大海边她的石墓里——
在海边她的墓地。

（曹明伦　译）

　　《安娜贝尔·李》是坡为死去的妻子所作，在他去世时才得以发表，是他创作的最后一首诗，也被认为是他最好的诗歌作品。这首诗与《致海伦》一样，并没有在诗中直接提到自己怀念的对象，而是虚构了一个人物安娜贝尔·李和一个并不存在的虚幻的海边王国。这是坡一生精神境界和创作风格的体现，即向往虚无缥缈和美好纯净的诗歌意象，怀念古希腊罗马的辉煌。全诗由六个诗节组成，第一、二、四节各六行，第五节为五行，第三和第六节为八行。贯穿全诗的尾韵为重读的长音 [i:]，则这可以看作是诗人对自己妻子矢志不渝的爱情。《安娜贝尔·李》也不例外地显示出不一般的音韵美、意象美和象征美。从诗歌的题目中诗人虚构的名字 Annabel Lee 就可以看出他在诗歌中对音韵美的追求，这个读起来节奏明快又优美的名字能够使人瞬间联想到一个美丽优雅的女子形象；月光照射下的坟墓、呼啸的风声以及海浪拍打海岸的声音这些意象都使读者有身临其境的真实感；诗中反复出现的海边王国（kingdom by the sea）象征的就是坡一直向往的曾经辉煌的古希腊和古罗马，而陆地上的王国象征着生命和今生，海洋则象征着死亡和来世。从这一点来说，这首诗不仅仅是一首悼亡诗，还是一首哀悼美的死亡的诗。

Questions:

1. What themes that usually appear in Poe's poetry can we get from this poem?
2. What kinds of implied and explicit images are employed in this poem?

二、沃尔特·惠特曼（Walt Whitman, 1819—1892）

沃尔特·惠特曼是美国文学史上伟大的先驱，是美国现代诗歌之父，是美国伟大的诗人之一。他的诗集《草叶集》（Leaves of Grass）是美国诗歌史上最有价值和最有影响力的诗集，惠特曼在这本诗集中最先使用的自由体诗（Free Verse）开创了美国诗歌的新时代，并被后世诗人广泛沿用。

惠特曼出生于今天的纽约长岛，在一个贫穷的农民家庭中长大，没有受到正规系统的教育，只读过几年小学。为谋生他先后从事过印刷排版工人、小学老师、新闻工作者、报纸编辑、木工、泥瓦匠等各种职业。惠特曼从1839年开始从事文学创作，开始写一些短诗，并参加政治活动。并先后担任过《纽约曙光》《布鲁克林每日鹰报》《自由民报》的编辑，最终因政治原因离开新闻界。1855年，《草叶集》第一版出版，共收录了12首诗，其中最长的一首《自我之歌》（Song of Myself）被认为是诗人的自传，讲述了自己一生的理想追求。但是，这部具有超前意义的诗集因为采用了自由散漫的格式，并且有些句子特别长，且没有规则的韵律，同时在诗歌题材上惠特曼涉及了一些激进的话题并有很多性描写，因此受到了评论家的冷落甚至攻击，当时只有爱默生一人给惠特曼写信并表示支持。1856年，《草叶集》第二版问世，收录的诗歌增加到了32首。惠特曼一生创作了400多首诗，其中有383首在他去世前整理并收录进《草叶集》。《草叶集》是惠特曼一生的心血之作，其中的大部分诗歌描写的是人和自然，还有少量以纽约和美国内战为题材。他歌颂自由、平等和民主，推崇人的高贵品质和自救精神。1865年，惠特曼自费出版了自己在内战后期所写的诗集《桴鼓集》（Drum-Taps），收录了53首新诗，后来又继续出版了续作，其中包括悼念林肯的名篇《当紫丁香在庭院开放的时候》（When Lilacs Last in the Dooryard Bloom'd）。

《草叶集》以"草"这一最普通的事物为题目和歌颂对象，因为诗人认为草是最平凡却最有生命力的植物，这与他自己以及成千上万的美国普通民众一样。惠特曼在这部诗集中歌颂民主和自由,歌颂辛苦的劳动者,倡导人类平等,赞美大自然,揭露和批判了一切违背民主理想的罪恶,并对生活在美国社会底层的人民寄以深切的同情,热情歌颂了正在上升期的资本主义美国。《草叶集》是美国诗歌史上第一部具有民族风格和民族意识的诗集,开创了一代诗风,对美国诗坛影响甚远。惠特曼作为当时最有超前意识的诗人,创造了自由诗体并在20世纪成为全世界通用的诗歌体裁,是当之无愧的美国现代诗歌的奠基人。

【经典诗歌鉴赏】

One's-Self I Sing

One's-self I sing, a simple separate person,
Yet utter the word Democratic, the word En-Masse.

Of physiology from top to toe I sing,
Not physiognomy alone nor brain alone is worthy for the Muse, I say the Form complete is worthier far,
The Female equally with the Male I sing.

Of Life immense in passion, pulse, and power,
Cheerful, for freest action form'd under the laws divine,
The Modern Man I sing.

【参考译文】

我歌唱"自己"

我歌唱"自己",一个单一的、脱离的人,
然而也说出"民主"这个词,"全体"这个词。

我从头到脚歌唱生理学,
值得献给诗神的不只是相貌或头脑,我是说整个结构的价值要大得多,
女性和男性我同样歌唱。

歌唱饱含热情、脉搏和力量的广阔"生活",
心情愉快,支持那些神圣法则指导下形成的、最自由的行动,

我歌唱"现代人"。

(赵萝蕤 译)

《我歌唱"自己"》收录在1867年最后一次出版的《草叶集》中。这首短诗与整部《草叶集》的主题一致，把平凡普通的自己作为歌颂对象。歌唱"我"自己其实是歌唱所有和诗人一样平凡努力的美国人民，当时美国正处于资本主义发展时期，惠特曼对美国的未来充满信心，对美国的民主和自由热情讴歌。这首小诗虽然只有八行，字里行间却充满激情和理想，以及对未来的美好憧憬。

Questions：

1. In what ways does this poem correspond to *Leaves of Grass*?
2. How does the type of this poem demonstrate the theme?

O Captain! My Captain

O CAPTAIN! my Captain! our fearful trip[1] is done,
The ship[2] has weather'd every rack, the prize[3] we sought is won,
The port is near, the bells I hear, the people all exulting,
While follow eyes the steady keel, the vessel grim and daring;
But O heart! heart! heart!
 O the bleeding drops of red,
  Where on the deck my Captain lies,
   Fallen cold and dead.

O Captain! my Captain! rise up and hear the bells;
Rise up — for you the flag is flung — for you the bugle trills,
For you bouquets and ribbon'd wreaths — for you the shores a-crowding,
For you they call, the swaying mass, their eager faces turning;
Here Captain! dear father!
 This arm beneath your head;
  It is some dream that on the deck,
   You've fallen cold and dead.

---

1 our fearful trip：这里指的是美国内战。
2 The ship：指美国。
3 the prize：废除奴隶制，使美国的黑奴获得了自由。

My Captain does not answer, his lips are pale and still,
My father does not feel my arm, he has no pulse nor will,
The ship is anchor'd safe and sound, its voyage closed and done,
From fearful trip, the victor ship, comes in with object won;
　　Exult, O shores, and ring, O bells!
　　　But I, with mournful tread,
　　　　　Walk the deck my Captain lies,
　　　　　　Fallen cold and dead.

【参考译文】

啊，船长！我的船长！

啊，船长！我的船长！我们可怕的航程已终了，
船只渡过了每一个难关，我们寻求的奖品已得到，
港口就在眼前，钟声已经听见，人们在狂热地呼喊，
眼睛在望着稳稳驶进的船只，船儿既坚定又勇敢，
但是心啊！心啊！心啊！
啊，鲜红的血在流滴，
我的船长躺卧在甲板上，
人已倒下，已完全停止了呼吸。

啊，船长！我的船长！请起来倾听钟声的敲撞！
请起来——旗帜在为你招展——号角在为你吹响，
为了你，才有花束和飘着缎带的花圈——为了你人群才挤满了海岸，
为了你，汹涌的人群才呼唤，殷切的脸才朝着你看；
在这里，啊，船长！亲爱的父亲！
请把你的头枕靠着这只手臂！
在甲板这地方真像是一场梦，
你已倒下，已完全停止了呼吸。

我的船长没有回答，他的嘴唇惨白而僵冷，
我的父亲感觉不到我的臂膀，他已没有了脉搏和意志的反应，
船只已安全地抛下了锚，旅程已宣告完成，
胜利的船只已达到目的，已走完了可怕的航程；

欢呼吧,啊海岸,敲撞吧,啊钟声!
但是我每一举步都怀着悲凄,
漫步在我船长躺卧的甲板上,
人已倒下,已完全停止了呼吸。

(赵萝蕤 译)

这首诗是惠特曼悼念林肯的作品,诗人在诗中用第一人称描述了他目睹"船长"林肯归来的情景。整首诗采用了隐喻的手法,把林肯比作船长,把美国比作一艘大船,而把刚刚结束的美国内战比作这艘大船经历过的一场充满艰难险阻的航行。全诗一共三节,每节有八行,三节都采取了"aabbcded"的押韵形式。第一节反复出现的"O Captain! my Captain"表达了诗人对林肯去世的无限悲伤和怀念之情;而接连重复三次的"heart! heart! heart!"通过强烈的节奏感营造了一种极度悲伤痛心的气氛。第二节诗人用自己已经分不清梦境和现实这一说法来强调自己无法形容的悲痛心情,而三次出现的"for you"不仅是诗人在表示对林肯的支持与爱戴,还进一步表示自己对船长死亡这一现实的怀疑,把全诗的悲伤气氛推到了极点。第三节船长苍白的嘴唇与第一节滴下的鲜血形成强烈的对比,给读者描绘了一幅令人心碎的残酷画面,最后一句"Fallen cold and dead"则以近乎冰点的温度结束这首诗。

Questions:

1. Who is the captain addressed by the speaker?
2. What do the "ship", "trip" and "prize" refer to separately?
3. What is the overall tone of the poem? How does the sound pattern help bring out the emotions of the speaker?

三、艾米莉·迪金森(Emily Dickinson, 1830—1886)

艾米丽·伊丽莎白·狄金森可以算作是美国诗歌史上出现过的最伟大的女诗人,一生创作了1700多首诗歌,并具有自己独特的创作风格,是美国意象派诗人的先驱,被誉为美国最伟大的抒情诗人之一。

狄金森生于美国马萨诸塞州的埃莫斯特小镇(Amherst)一个十分富裕的家庭,父亲是一名律师,同时也是一名严格的清教徒,她的祖父在埃莫斯特享有很高的声誉。因此狄金森受到了正统的宗教教育,在埃莫斯特附近的一所女校读书一年便辍学归家。在经历两次失败的爱情之后,狄金森离群索居,断绝了与亲友的所有来往,埋头写诗,仅靠书信与外界保持有限的联系。她在诗中表示"My life closed twice before its close（death）"，证明两次失败的爱情对她产生了极大的冲击。狄金森与世界隔绝之后，过着一种平静无澜的生活，但实际上从她留下的诗歌中可以看出，她其实感情热烈、思维活跃，只是把这一腔热情都投入到了诗歌创作上。

狄金森是一个充满智慧和人文气质的女性，天生敏感，并对诗歌有着极高的天赋。狄金森的一生极其简单，却留下了大约1750首诗歌，除了其中7首，剩下的都是在她去世后由其亲友整理后发表，自此这位传奇的女诗人才为世人所知，并在20世纪开始享有全世界对她的推崇和赞美。狄金森的诗与她成长经历和特殊的生活状态密不可分，在主题的选择上她与同时期的大多数浪漫主义诗人一样，她的大部分诗歌描述的是自然界的更迭，同时抒发自己对爱情、生死、人生及永恒等话题的想法。她的诗歌语言简朴，语义凝练；在形式上不拘一格大胆创新，意象十分鲜明独特。

诗歌之于狄金森是平淡生活中获得快乐的途径，也是她与世界对话并向外界传达信息的唯一方法。虽然她过着隐士般的生活，她的诗歌却涵盖了几个常见的主题：爱情、死亡和自然。狄金森的创作生涯可分为三个时期：第一时期为1861年以前，这一时期狄金森的作品风格传统，感情自然流露；第二时期为1861年至1865年，这是狄金森最富有创造力的时期，她的诗歌在这一时期更具有活力与激情，并充分表达了死亡和永生这一主题；第三时期为1866年之后。狄金森死于1886年，她生前从未得到过评论家们的青睐，死后却获得了巨大的名声，被认为与惠特曼一样是美国诗歌新纪元的先锋人物，而她的诗歌则在英语诗歌中占有重要的一席之地。

【经典诗歌鉴赏】

"Why Do I Love You", Sir?

"Why do I love you", sir?
Because —
The Wind does not require the Grass
To answer — Wherefore[1] when He pass
She cannot keep Her place.

Because He knows — and
Do not You —

1　wherefore：why.

And We know not —
Enough for Us
The Wisdom it be so —

The Lightning — never asked an Eye
Wherefore it shut — when He was by —
Because He knows it cannot speak —
And reasons not contained —
— Of Talk —
There be — preferred by Dantier Folk —

The Sunrise — Sire — Compelleth[1] Me—
Because He's Sunrise — and I see —
Therefore — Then —
I love Thee —

【参考译文】

"为什么我爱你",先生?

"为什么我爱你",先生?
因为——
风,从不要求小草
回答,为什么他经过
她就不得不动摇

因为他知道,而你
你不知道——
我们不知道——
我们有这样的智慧
也就够了。

闪电,从不询问眼睛,
为什么,他经过时,要闭上——

---

1 compelleth: compelled, forced.

因为他知道，他说不出——
有些道理——
难以言传——

高雅的人宁愿，会意——
日出，先生，使我不能自已。
因为他是日出，我看见了——
所以，于是——
我爱你

(江枫 译)

"Why do you love me?"是恋爱中人常问的问题，诗人在此从另一个角度给出了一个智慧的答案。诗的标题和开篇都是一个问句："Why do I love You", Sir? 紧接着给出了充分的答案作为对这个问题的回应，充满了热情与爱恋。在诗人眼中，自己的爱人就像风，像闪电，像太阳；而自己就像接受微风吹拂的小草，像被闪电照耀而闭上的眼睛，像沐浴在阳光下的"我"。这一切都是为了说明，"我"对"你"的爱情就像这一切自然存在的事物一样，是不用多言，却也无法用言语轻易表达的。

Questions：

1. Who is asking the question?
2. What does the speaker compare herself to? Why?
3. Is the speaker able to answer the question? What do you think of her reply?

I Heard a Fly Buzz — When I Died

I heard a Fly buzz — when I died —
The Stillness in the Room
Was like the Stillness in the Air —
Between the Heaves of Storm —

The Eyes around — had wrung when them dry —
And Breaths were gathering firm

For that last Onset¹ — when the King
Be witnessed — in the Room —

I willed² my keepsakes³ — Signed away
What portion of me be
Assignable — and then it was
There interposed a Fly —

With Blue — uncertain stumbling Buzz —
Between the light — and me —
And the Windows failed — and then
I could not see to see —

【参考译文】

我死时——听到一只苍蝇嗡嗡叫——

我死时——听到一只苍蝇嗡嗡叫——
室内的寂静
像空气窒息了——
像风暴的间停——

周围的眼睛——已把眼泪哭干——
呼吸正在恢复平静
为了那最后的一击——有人看见,
死神——就在房中——

我立遗嘱——把我的纪念品分掉——
在想我的哪一部分
可以分赠——这时一只苍蝇嗡叫
打扰了我的事情——

1　Onset: start, beginning.
2　willed: 立遗嘱。
3　keepsakes: 纪念品。

嗡叫凄惨——声音飘忽，逐渐微弱——
回想在光——和我——之间——
随后，心的窗户关闭——在后来——
再也看不见先前所见——

(李正栓　译)

死亡是狄金森诗歌常出现的主题。这首诗使用过去式，以死者的口吻清晰地诉说死亡的全过程。尤为特别的一点是诗人引入了一个独特的意象——苍蝇——来作为死者与这个世界最后的联系，而飞来飞去的苍蝇恰好可以充当生与死之间的使者。除此之外，"fly"这个词是一个十分巧妙的运用，它既可以指苍蝇，也有"飞翔"的意思。在"我"死之前，这个苍蝇四处嗡嗡叫响；而在"我"死后，就可以永远地飞起来了。诗人把一只微不足道的苍蝇与死亡这个严肃的话题联系在一起，表达了她对死亡的看法——死亡是不足为惧的。

Questions：

1. Who is speaking in this poem? What is the speaker doing?
2. What does the "King" in the second stanza refer to?
3. What is the "light" mentioned in the last stanza? And the "Windows?"
4. Do the two "see"s mean the same thing in the last line? If not, what are they separately?
5. Do you think the speaker really heard a fly or is it merely a hallucination? What might the fly stand for?

As Imperceptibly[1] as Grief

As imperceptibly as Grief
The Summer lapsed away, —
Too imperceptible, at last,
To seem like Perfidy.

A Quietness distilled[2]
As Twilight long begun,

1　imperceptibly: unnoticeably.
2　distilled: appeared slowly.

Or Nature spending with herself
Sequestered Afternoon.

The Dusk drew earlier in,
The Morning foreign shone,
A courteous, yet harrowing Grace,
As Guest, that would be gone,

And thus, without a Wing,
Or service of a Keel,
Our Summer made her light escape
Into the Beautiful.

【参考译文】

夏之逃逸

不知不觉地，有如忧伤，
夏日竟然消逝了，
如此地难以觉察，简直
不像是有意潜逃。

向晚的微光很早便开始，
沉淀出一片寂静，
不然便是消瘦的四野
将下午深深幽禁。

黄昏比往日来得更早，
清晨的光彩已陌生——
一种拘礼而恼人的风度，
像即欲离开的客人。

就像如此，也不用翅膀，
也不劳小舟相送，
我们的夏日轻逸地逃去，

没入了美的境中。

（余光中　译）

歌咏自然是狄金森多数诗歌的主题，这首就是其中之一。诗人自己最喜爱的夏天在不知不觉中消逝了，并且是像忧伤一样悄悄地溜走了。在诗中，夏天的消逝代表的是生命的消逝即死亡；而夏天离开之后的"微光开始沉淀"，夏日"没入了美的境中"，这一切在说明夏天过去了也并不是十分遗憾的事情，另一番崭新的光景即将到来。全诗没有一处明确地赞美夏天，诗人却通过阐述自己的遗憾和不舍来向读者展示夏天的魅力。这首略带伤感的诗恰到好处地体现了女诗人多愁善感的性格和对美的追求。

Questions：

1. How does the speaker feel about summer? What is the overall tone of the poem?
2. Why does the speaker compare the summer to "grief" and "perfidy"?
3. What are the changes of season noted by the speaker?
4. How do you understand the last sentence? What does Summer escape to?

四、罗伯特·弗罗斯特（Robert Frost，1874—1963）

罗伯特·弗罗斯特可以说是 20 世纪美国最受欢迎的诗人，也是在全世界范围内最被认可的美国诗人。他曾经四次获得普利策奖以及除诺贝尔文学奖外所有诗人能获得的奖项，并受聘于多所大学且获得荣誉学位，其作品被译成多种外语在全世界传播。

1874 年 3 月 26 日，弗罗斯特出生于美国的旧金山，11 岁时父亲去世，后随母亲迁往新英格兰。弗罗斯特 16 岁开始写诗，20 岁时他的第一首正式发表的诗歌《我的蝴蝶：一首哀歌》（*My Butterfly：An Elegy*）发表在文学周刊上。1912 年，弗罗斯特举家迁往伦敦居住，次年在伦敦出版了自己的抒情诗集《少年的意志》（*A Boy's Will*）。1914 年，他的叙事诗集《波士顿以北》（*North of Boston*）也得以出版，受到了英国评论家的热情赞扬，并引起了美国出版界的重视。

第一次世界大战开始后，弗罗斯特回到美国，恰逢《少年的意志》和《波士顿以北》两部诗集在美国首次出版，他的诗歌受到了美国人民的欢迎和喜爱，从此告别前半生默默无闻的状态一举成名。之后他在大学任教。他四次获得普利策奖，获奖的作品分别是 1924 年的《新罕布什尔》（*New Hampshire*）、1931 年的《诗歌选集》（*Collected Poems*）、1937 年的《又一片牧场》（*Further Range*）和 1943 年的《一棵作证的树》（*Witness Tree*）。

弗罗斯特年轻的时候做过鞋匠，办过农场，这些经历使他的诗歌比较朴实。他的诗歌多数从农村生活中汲取素材，因此他的风格比较贴近19世纪的诗人们，而没有太多的现代派气息。弗罗斯特的诗大致可分为两类：抒情诗和戏剧性叙事诗。他的抒情诗主要描写大自然和农民，这类诗歌朴实而生动，语言通俗易懂并且有鲜明的韵律，深受人民的喜爱。在这一点上，弗罗斯特始终坚持自己的写作风格，没有受到同时代其他诗人如好友庞德的影响。他的叙事诗格调普遍比较低沉，这体现了诗人思想和性格中阴郁的一面。弗罗斯特的世界观比较矛盾复杂，他把世界看成是一个善与恶的混合体。因此，他的诗一方面描写了大自然的美和大自然给予人类的恩惠，另一方面也写了其破坏力以及给人类带来不幸及灾难。他的诗歌语言朴实，极其口语化，使用了大量的比喻，通常传达一些十分深刻的道理。他采用通俗易懂的语言、人们熟知的韵律、日常生活中常见的比喻和象征手法，描写他所熟悉的新英格兰地区的乡村风貌。然而，他的诗歌并不仅仅记录自然事物或农民的日常生活，他对大自然的描写常常蕴含深刻的、象征性的、甚至是形而上学的意义。这种传统与现代结合的风格使弗罗斯特成为美国20世纪最特别同时也是最流行的诗人。

【经典诗歌鉴赏】

Mending Wall

Something there is that doesn't love a wall,
That sends the frozen-ground-swell[1] under it,
And spills the upper boulders in the sun;
And makes gaps even two can pass abreast.
The work of hunters is another thing:
I have come after them and made repair
Where they have left not one stone on a stone,
But they would have the rabbit out of hiding,
To please the yelping dogs. The gaps I mean,
No one has seen them made or heard them made,
But at spring mending-time we find them there.
I let my neighbor know beyond the hill;
And on a day we meet to walk the line
And set the wall between us once again.

---

1 the frozen-ground-swell：被冻得隆起的土地。

We keep the wall between us as we go.
To each the boulders that have fallen to each.
And some are loaves and some so nearly balls.
We have to use a spell to make them balance:
"Stay where you are until our backs are turned!"
We wear our fingers rough with handling them.
Oh, just another kind of outdoor game,
One on a side. It comes to little more:
There where it is we do not need the wall:
He is all pine and I am apple orchard.
My apple trees will never get across
And eat the cones under his pines, I tell him.
He only says, "Good fences make good neighbors."
Spring is the mischief in me, and I wonder
If I could put a notion in his head:
"*Why* do they make good neighbors? Isn't it
Where there are cows? But here there are no cows.
Before I built a wall I'd ask to know
What I was walling in or walling out,
And to whom I was like to give offense.
Something there is that doesn't love a wall,
That wants it down." I could say "Elves"[1] to him,
But it's not elves exactly, and I'd rather
He said it for himself. I see him there
Bringing a stone grasped firmly by the top
In each hand, like an old-stone savage armed.
He moves in darkness as it seems to me,
Not of woods only and the shade of trees.
He will not go behind his father's saying,
And he likes having thought of it so well
He says again, "Good fences make good neighbors."

---

1 Elves：小精灵。

【参考译文】

补　墙

是有一种什么东西不喜欢墙，
让墙脚下的冻土膨胀、隆起
使垒墙的石块在阳光下坍塌，
造成了可以并排走人的豁口。
行猎者的作为又是另外一种，
我常跟在他们的背后去修补
他们不让石块压石块的处所，
但他们要兔子从藏身处跑出
取悦狂吠的猎狗。那些豁口
形成时，没人看见或是听到，
但是春天修补时已经在那里。
我通知山梁那一边我的邻居，
在约好的日子一同查看边界，
再一次把墙在我们之间砌好，
我们边走边修补我们的墙壁，
落在谁那边的石块由谁处理。
有些是条块，有些圆如球体，
得用点魔法才能使他们坐稳，
"老实呆着吧，直到我们转身！"
搬弄他们，磨得手指头粗糙。
哦，不过是又一种户外运动。
一边一个人，比运动强不了。
砌墙的地方，其实毫无必要
那边是松树，这边是苹果园，
我的苹果树，决不会跑过去，
我说，去吃他松树下的松果。
他只说：好篱笆成全好邻居。
是春天在心里作祟，想知道
能不能够让他明白一点道理：
"为什么这样说？这是不是指
养牛人家？可是这里没有牛。

在我们砌墙之前，倒要请教，
这墙圈进了什么圈出了什么，
我又有可能使得谁家不开心。
是有一种什么东西不喜欢墙，
总要它倒塌。"可以说是精灵，
然而，确实不是，我宁愿他
自己说。我眼看着他在那里，
搬动石头，一只手抓紧一块，
就像旧石器时代人手执武器。
我觉得他似乎是在暗中行动，
不完全是由于树木投下阴影，
他不想深究父辈话语的真义，
能想起那句话他就十分欣慰，
又说句：好篱笆成全好邻居。

（江枫　译）

《补墙》讲述了一个有趣的故事：一堵墙把"我"和邻居分开，一到春天"我"就和邻居一起修补这堵墙，这堵墙既把"我"与邻居隔开，使我们保持不远不近的距离，又提供了一个双方聚在一起享受欢乐时光的机会。这首诗以无韵体写成，使用了较多隐喻。"墙"是一个具有隐喻和象征意义的典型意象，象征着人与人之间的隔阂；诗中第一句"Something there is that doesn't love a wall"中的"something"是一种神秘的力量，是它不喜欢墙并破坏了墙壁，"我"和邻居不得不聚在一起共同修补这个漏洞，这股神秘的自然力量为我们提供了共同相处交流的场合。全诗大部分都是"我"的独白，而愚钝的邻居说的最多的一句就是"Good fences make good neighbors"，这又是"我们"交流失败的表现，结尾的这句话给诗歌增加了几分戏剧效果。

Questions：

1. What is the thing that does not like a wall? The speaker seems to have suggested many options: the sun, the winter, the supernatural force as embodied by the "elves", and so on, only to deny them in the end. Why does the speaker avoid giving a definite answer?

2. It is the speaker who invites his neighbor to mend the wall. Why does he then try to talk the other man out of it by questioning the necessity of wall-making? What might this conversation imply?

3. What is the poem about if we see the wall in a symbolic light?

Stopping by Woods on a Snowy Evening

Whose woods these are I think I know.
His house is in the village though;
He will not see me stopping here
To watch his woods fill up with snow.

My little horse must think it queer
To stop without a farmhouse near
Between the woods and frozen lake
The darkest evening of the year.

He gives his harness bells a shake
To ask if there is some mistake.
The only other sound's the sweep
Of easy wind and downy flake.

The woods are lovely, dark and deep,
But I have promises to keep,
And miles to go before I sleep,
And miles to go before I sleep.

【参考译文】

雪夜林边

这是谁的树林我想我清楚，
他家就在那边村子里边住。
他不会看见我在这里停下来，
观赏白雪覆盖住他的林木。

我的小马，一定觉得奇怪，
在这一年最黑的一个黑夜，
在树林和封冻的湖泊之间，
停在近处不见农舍的野外。

他抖了一抖挽具上的铃串，
问是否有什么差错出现，
仅有的音响，只是轻风一阵，
和白絮般飘飘落下的雪片。

这树林可爱、阴暗、幽深，
但是我有约定的事要完成。
睡前，还要再赶几里路程，
睡前，还要再赶几里路程。

（江枫　译）

　　《雪夜林边》是弗罗斯特最著名的作品之一，1823 年发表于《新罕布什尔》上。这首小诗展现了一幅静美的画面：在一个下雪的冬夜，一个驾雪橇的人停在树林边休息，在困顿劳累的旅途中享受片刻的轻松与宁静。这个树林虽然很可爱，却被黑暗与幽深笼罩。这种骤然冰冷的转变传达了死亡的信息，这也是这首诗隐秘的主题。在诗人看来，这个幽静可爱却位于黑暗中的小树林是一个安息的理想场所，诗人曾一度被它迷住并想就此停下歇息。第四节却笔锋一转"但是我有约定的事要完成"，应该是诗人想起了自己做出的承诺和未完成的心愿，因此骤然清醒继续赶路。这个选择象征着"我"——也许就是诗人自己——选择了继续活下去，这说明"我"对生活、对未来充满信心。最后重复两遍"睡前，还要再赶几里路程"也是坚定信念的表现。

Questions

1. Why does the speaker stop by the woods? (The horse thinks it queer that he stops; the owner of the woods, it is implied, would also think it queer if he could see him.)

2. Does the speaker drive on with reluctance? What does this implied reluctance tell us about the motive for stopping?

3. What attitude toward nature is implied in this little poem? The woods are "lovely, dark, and deep" and make some deep appeal to the speaker. Note that it is not an appeal that is felt by the horse or presumably would be felt by the owner of the woods, and that it is an appeal that is finally resisted by even the speaker himself.

4. What is the speaker's attitude toward himself? Self-congratulation for being superior to the brute or for having a finer aesthetic sense than the man who owns the

woods, or for being moral and punctual and keeping his promises? What kind of person do you suppose the speaker to be? Are there any hints in the poem?

五、埃兹拉·庞德（Ezra Pound, 1885—1973）

埃兹拉·庞德是 20 世纪英美文坛中举足轻重的人物，是现代派著名诗人和意象派诗歌运动的发起人，同时也是著名的翻译家、文艺理论家和批评家。意象派运动是英美诗人发起的反对维多利亚浪漫诗风的文学运动，是 20 世纪象征主义运动的一个分支。庞德用全新的意象理论来阐释诗歌，在吸收传统的基础上结合中国古典诗歌的表现方式，确立了自己的意象原则，引导了意象派诗歌创作，并影响了整个 20 世纪的诗坛。

庞德出生于美国爱达荷州，在宾夕法尼亚州长大。他青年时代先是在宾夕法尼亚大学读书，攻读美国历史、古典文学、罗曼司语言文学；后来转入汉密尔顿学院学习。两年后，他转至哈密尔顿大学学习，1906 年获硕士学位。庞德天赋过人，在宾夕法尼亚大学毕业前就已经掌握了 9 门语言，22 岁就成为语言学教授。在读大学期间，庞德结识了威廉·卡洛斯·威廉姆斯和希尔达·杜利特尔（Hilda Doolittle, 1886—1961），在他们的影响下走上了诗歌创作的道路。1898 年，庞德首次去欧洲，之后曾于 1902 年、1906 年及 1908 年先后共四次去欧洲，1908 年至 1920 年之间居住在伦敦，在那里认识了叶芝和艾略特。1915 年，庞德发表了他根据东方学者芬诺洛萨（Fenollosa）的遗稿而译成的中国古诗英译本《中国》（*Cathay*）及两个日本戏剧集。在伦敦期间他发表了《人物》（*Personae*, 1909）、《向塞克斯图斯·普罗佩提乌斯致敬》（*Homage to Sextus Propertivs*, 1919）和《休·赛尔温·毛伯利》（*Hugh Selwyn Mauberley*, 1920）。1943 年，庞德因在罗马广播中抨击美国而被控叛国罪，1945 年后的十几年都在精神病院度过。但在这期间，由于庞德继续翻译孔子的著作并完成了《诗章》（*The Cantos*, 1915—1969）。1958 年弗罗斯特和海明威等人的斡旋，庞德未经审判而被取消叛国罪，返回意大利。1972 年 11 月病逝于威尼斯。

庞德在充满争议和起伏的一生中出版了 70 本书，创作了超过 1500 篇讽刺散文，并且发表了一些翻译作品。《诗章》是庞德倾注了 40 多年的巨著，由 117 章组成，既没有统一的主题，也没有完整的情节。庞德使用了古英语、通俗英语、法语、德语、希腊语、意大利语和日语写成这部长诗，并且诗中还出现了大量的汉字；体裁上涵盖了抒情歌谣、书信、文件记录和散文诗等；内容上更是包罗万象，几乎囊括了人类的整个历史文明进程。因此这部著作有晦涩难懂的弊端，但这不妨碍它成为现代派诗歌发展史上里程碑式的作品。庞德还翻译了不少李白的诗歌，虽然改动较大，但在中西方诗歌交流中起到了不可磨灭的作用。

【经典诗歌鉴赏】

In a Station of the Metro[1]

The apparition[2] of these faces in the crowd;
Petals on a wet, black bough.

【参考译文】

在地铁站

这几张脸在人群中幻影般闪现，
湿漉漉的黑树枝上花瓣数点。

（飞白 译）

　　这首诗只有两句，是诗人对在巴黎地铁站里看到的超自然现象的描述，是庞德最早也是最好的作品。这首诗写于1913年，据说诗人反复修改，由最初的30多行改为15行，最后改为两行。庞德采用了日本俳句的形式和中国古诗常用的意象叠加手法，使这首诗一经发表便引起轰动。这些意象既是客观描述，也是主观表达，而删去所有动词只留下意象的做法也使每一个意象都承载了丰富的意义。诗人用花瓣（petals）比喻面孔（faces），用湿漉漉的黑树枝（wet, black bough）代指地铁站（station）和人群（crowd）。"apparition"是幻象或者幽灵，使人们联想到地铁站里来往乘客的一张张脸庞。第二行的花瓣（petals）则传递了一丝美感。这一意象由于有深色而又带湿气的树枝的反衬而变得突出鲜明了，同时也给人以模糊重叠之感，意境更加丰满。

Questions：

1. What does the speaker see? Why are the faces compared to petals?

2. Why is it specified that the petals are on a "wet, black bough"? What might the latter refer to?

3. "Apparition" in the first line means the act of appearing. Why doesn't the speaker use "appearance" instead? What quality of effect does he want to emphasize by choosing this uncommon word?

1　Metro: metropolitan railway 的缩写，metro 通常用来指伦敦的地铁，这里特指巴黎的地铁。
2　apparition: appearance，出现。

六、托马斯·斯特恩斯·艾略特 (T. S. Eliot, 1888—1965)

托马斯·斯特恩斯·艾略特在人才辈出的 20 世纪诗坛占有十分重要的地位，是 20 世纪影响最大的诗人。艾略特的创作和评论对英美 20 世纪现代派文学和新批评派评论起了开拓作用，影响了整个西方文坛，很少有人能和他相比。

1888 年 9 月 26 日，艾略特出生在美国密苏里州圣路易斯市当地的名门望族。祖父是华盛顿大学的创办者，父亲是砖瓦商，母亲夏洛蒂·斯特恩斯，出身名门并且是位诗人，写过宗教诗歌。优越而孤独的家庭环境和母亲的影响使他很早就接触诗歌并开始尝试写诗。良好的家庭条件使艾略特有机会接触最好的教育，1906 年 6 月，他进入哈佛大学专修哲学，同时还选修了英、法、德及古希腊各国文学以及中世纪历史、比较文学、东方哲学与宗教等；后来又进入巴黎大学和牛津大学读书，深入地学习了语言、文学、玄学派诗歌和梵语。1915 年结婚后，艾略特定居伦敦，并于 1927 年加入英国国籍并且皈依罗马天主教。他自称为"文学上的古典主义者，政治上的保皇党，宗教上的英国天主教徒"（a classicist in art, a royalist in politics, and an Anglo-Catholic in religion）。1948 年，艾略特被授予诺贝尔文学奖，以嘉奖其"在现代诗歌中作为一个先驱所取得的非凡成就"。

艾略特的文学创作生涯可以分为三个时期。第一个时期从 1915 年到 1922 年。1915 年，艾略特和埃兹拉·庞德在伦敦相识，在庞德的帮助和鼓励下，他在现代诗的主要阵地《诗刊》上发表了《J. 阿尔弗瑞德·普鲁弗洛克的情歌》(The Love Song of J. Alfred Prufrock)，1917 年又出版了诗集《普鲁弗洛克及其他》(Prufrock and Other Observations)；1919 年出版《诗集》(Poems)。第二个时期从 1922 年至 1925 年，这期间艾略特发表了他最重要的作品《荒原》(The Waste Land, 1922)，这部长诗是现代诗歌的里程碑，给他带来了享用不尽的声誉。1925 年出版的《空心人》(The Hollow Men) 被认为是他描写现代人精神状态的代表作，其对现代人无聊、空虚、焦虑的精神生活刻画得入木三分。第三个时期从 1930 年开始直到他去世，主要作品有《灰色星期三》(Ash Wednesday, 1930)，《四个四重奏》(Four Quartets, 1943)。《四个四重奏》是艾略特晚年最重要的作品，以宗教为题材，宣扬原罪论，同时探讨了时间和永恒的问题。艾略特的作品意在表达西方人在精神上的荒芜状态，在诗歌创作上主张把主观抒情转化为客观象征。作为诗人，艾略特极具叛逆精神和实验精神，他的诗歌除了经常出现多种语言，还含有丰富的引用、暗喻、意象，这些特征使他的作品显得复杂难懂。同时，他还大胆地改变传统的诗歌形式，尝试各种新的体裁。这些创新都给 20 世纪的英美诗歌带来了变革式的冲击，艾略特也成为当时最伟大的英语诗人。

1965 年，艾略特去世并被葬在威斯特敏斯特大教堂的诗人角。

【经典诗歌鉴赏】

The Love Song of J. Alfred Prufrock

S'io credesse che mia risposta fosse
A persona che mai tornasse al mondo,
Questa fiamma staria senza piu scosse.
Ma perciocche giammai di questo fondo
Non torno vivo alcun, s'i'odo il vero,
Senza tema d'infamia ti rispondo[1].

1

Let us go then, you and I,
When the evening is spread out against the sky
Like a patient etherized[2] upon a table;
Let us go, through certain half-deserted streets,
The muttering retreats
Of restless nights in one-night cheap hotels
And sawdust restaurants with oyster-shells:
Streets that follow like a tedious argument
Of insidious intent
To lead you to an overwhelming question…
Oh, do not ask, "What is it?"
Let us go and make our visit.

In the room the women come and go
Talking of Michelangelo[3].

2

The yellow fog that rubs its back upon the window-panes,
The yellow smoke that rubs its muzzle on the window-panes
Licked its tongue into the corners of the evening,

---

1 引自但丁《神曲》，为意大利语。
2 etherized: 被乙醚麻醉的状态。
3 Michaelangelo: 米开朗基罗，文艺复兴时期的意大利雕塑家。

Lingered upon the pools that stand in drains,
Let fall upon its back the soot that falls from chimneys,
Slipped by the terrace, made a sudden leap,
And seeing that it was a soft October night,
Curled once about the house, and fell asleep.

3

And indeed there will be time
For the yellow smoke that slides along the street,
Rubbing its back upon the window-panes;
There will be time, there will be time
To prepare a face to meet the faces that you meet;
There will be time to murder and create,
And time for all the works and days[1] of hands
That lift and drop a question on your plate;
Time for you and time for me,
And time yet for a hundred indecisions,
And for a hundred visions and revisions,
Before the taking of a toast and tea.

In the room the women come and go
Talking of Michelangelo.

4

And indeed there will be time
To wonder, "Do I dare?" and, "Do I dare?"
Time to turn back and descend the stair,
With a bald spot in the middle of my hair —
(They will say: "How his hair is growing thin!")
My morning coat, my collar mounting firmly to the chin,
My necktie rich and modest, but asserted by a simple pin —
(They will say: "But how his arms and legs are thin!")

1　works and days: 这是古希腊诗人赫西奥德（Hesiod）的一首诗，描写农民的劳作状态。诗人此处是用农活来对比毫无意义的社交活动。

Do I dare
Disturb the universe?
In a minute there is time
For decisions and revisions which a minute will reverse.

5

For I have known them all already, known them all —
Have known the evenings, mornings, afternoons,
I have measured out my life with coffee spoons;
I know the voices dying with a dying fall
Beneath the music from a farther room.
So how should I presume?

6

And I have known the eyes already, known them all —
The eyes that fix you in a formulated phrase,
And when I am formulated, sprawling on a pin,
When I am pinned and wriggling on the wall,
Then how should I begin
To spit out all the butt-ends of my days and ways?
And how should I presume?

7

And I have known the arms already, known them all —
Arms that are braceleted and white and bare
(But in the lamplight, downed with light brown hair!)
Is it perfume from a dress
That makes me so digress?
Arms that lie along a table, or wrap about a shawl.
And should I then presume?
And how should I begin?

8

Shall I say, I have gone at dusk through narrow streets
And watched the smoke that rises from the pipes

Of lonely men in shirt-sleeves, leaning out of windows? ...

I should have been a pair of ragged claws
Scuttling across the floors of silent seas.

9

And the afternoon, the evening, sleeps so peacefully!
Smoothed by long fingers,
Asleep ... tired ... or it malingers,
Stretched on the floor, here beside you and me
Should I, after tea and cakes and ices,
Have the strength to force the moment to its crisis?
But though I have wept and fasted, wept and prayed,
Though I have seen my head (grown slightly bald) brought in upon a platter,
I am no prophet — and here's no great matter;
I have seen the moment of my greatness flicker,
And I have seen the eternal Footman hold my coat, and snicker,
And in short, I was afraid.

And would it have been worth it, after all,
After the cups, the marmalade, the tea,
Among the porcelain, among some talk of you and me,
Would it have been worth while,
To have bitten off the matter with a smile,
To have squeezed the universe into a ball
To roll it toward some overwhelming question,
To say: "I am Lazarus[1], come from the dead,
Come back to tell you all, I shall tell you all" —
If one, settling a pillow by her head,
Should say: "That is not what I meant at all.
That is not it, at all."

1　Lazarus: 拉撒路,《圣经》里有两个拉撒路, 据《新约·约翰福音》, 患病的拉撒路死后四天, 耶稣使他复活;《新约·路加福音》中患病的拉撒路死后进入了天堂, 而天天享乐的富人却进入地狱。此处应指后者。

10

  And would it have been worth it, after all,
Would it have been worth while,
After the sunsets and the dooryards and the sprinkled streets,
After the novels, after the teacups, after the skirts that trail along the floor —
And this, and so much more? —
It is impossible to say just what I mean!
But as if a magic lantern threw the nerves in patterns on a screen:
Would it have been worth while
If one, settling a pillow or throwing off a shawl,
And turning toward the window, should say:
  "That is not it at all,
That is not what I meant, at all."

11

No I am not Prince Hamlet, nor was meant to be;
Am an attendant lord, one that will do
To swell a progress, start a scene or two,
Advise the prince; no doubt, an easy tool,
Deferential, glad to be of use,
Politic, cautious, and meticulous;
Full of high sentence, but a bit obtuse;
At times, indeed, almost ridiculous —
Almost, at times, the Fool.

12

  I grow old... I grow old...
I shall wear the bottoms of my trousers rolled.

13

  Shall I part my hair behind? Do I dare to eat a peach?
I shall wear white flannel trousers, and walk upon the beach.
I have heard the mermaids singing, each to each.

I do not think that they will sing to me.

I have seen them riding seaward on the waves
Combing the white hair of the waves blown back
When the wind blows the water white and black.

We have lingered in the chambers of the sea
By sea-girls wreathed with seaweed red and brown
Till human voices wake us, and we drown.

【参考译文】

J. 阿尔弗瑞德·普鲁弗洛克的情歌

假如我认为，我是回答
一个能转回阳世间的人，
那么，这火焰就不会再摇闪。
但既然，如我听到的果真
没有人能活着离开这深渊，
我回答你就不必害怕流言。

1

那么我们走吧，你我两个人，
正当朝天空慢慢铺展着黄昏
好似病人麻醉在手术桌上；
我们走吧，穿过一些半清冷的街，
那儿休憩的场所正人声喋喋；
有夜夜不宁的下等歇夜旅店
和满地蚌壳的铺锯末的饭馆；
街连着街，好像一场讨厌的争议
带着阴险的意图
要把你引向一个重大的问题……
唉，不要问，"那是什么？"
让我们快点去作客。

在客厅里女士们来回地走，

谈着画家米开朗基罗。

2
黄色的雾在窗玻璃上擦着它的背，
黄色的烟在窗玻璃上擦着它的嘴，
把它的舌头舐进黄昏的角落，
徘徊在快要干涸的水坑上；
让跌下烟囱的烟灰落上它的背，
它溜下台阶，忽地纵身跳跃，
看到这是一个温柔的十月的夜，
于是便在房子附近蜷伏起来安睡。

3
呵，确实地，总会有时间
看黄色的烟沿着街滑行，
在窗玻璃上擦着它的背；
总会有时间，总会有时间
装一副面容去会见你去见的脸；
总会有时间去暗杀和创新，
总会有时间让举起问题又丢进你盘里的
双手完成劳作与度过时日；
有的是时间，无论你，无论我，
还有的是时间犹豫一百遍，
或看到一百种幻景再完全改过，
在吃一片烤面包和饮茶以前。

在客厅里女士们来回地走，
谈着画家米开朗基罗。

4
呵，确实地，总还有时间
来疑问，"我可有勇气？""我可有勇气？"
总还有时间来转身走下楼梯，
把一块秃顶暴露给人去注意——
（她们会说："他的头发变得多么稀！"）

我的晨礼服，我的硬领在腭下笔挺，
我的领带雅致而多彩，用一个简朴的别针固定——
(她们会说："可是他的胳膊腿多么细！")
我可有勇气
搅乱这个宇宙？
在一分钟里总还有时间
决定和变卦，过一分钟再变回头。

5

因为我已经熟悉了她们，熟悉了她们所有的人——
熟悉了那些黄昏，和上下午的情景，
我是用咖啡匙子量走了我的生命；
我熟悉每当隔壁响起了音乐
话声就逐渐低微而至停歇。
所以我怎么敢开口？

6

而且我已熟悉那些眼睛，熟悉了她们所有的眼睛——
那些眼睛能用一句成语的公式把你盯住，
当我被公式化了，在别针下趴伏，
那我怎么能开始吐出
我的生活和习惯的全部剩烟头？
我又怎么敢开口？

7

而且我已经熟悉了那些胳膊，熟悉了她们所有的胳膊——
那些胳膊带着镯子，又袒露又白净
(可是在灯光下，显得淡褐色毛茸茸！)
是否由于衣裙的香气
使得我这样话离本题？
那些胳膊或围着肩巾，或横在案头。
那时候我该开口吗？
可是我怎么开始？

8
是否我说，我在黄昏时走过窄小的街，
看到孤独的男子只穿着衬衫
倚在窗口，烟斗里冒着袅袅的烟？……

那我就会成为一对蟹螯
急急爬过沉默的海底。

9
啊，那下午，那黄昏，睡得多平静！
被纤长的手指轻轻抚爱，
睡了……倦慵的……或者它装病，
躺在地板上，就在你我脚边伸开。
是否我，在用过茶、糕点和冰食以后，
有魄力把这一刻推到紧要的关头？
然而，尽管我曾哭泣和斋戒，哭泣和祈祷，
尽管我看见我的头（有一点秃了）用盘子端了进来，
我不是先知——这也不值得大惊小怪；
我曾看到我伟大的时刻闪烁，
我曾看到那永恒的"侍者"拿着我的外衣暗笑，
一句话，我有点害怕。

而且，归根到底，是不是值得
当小吃、果子酱和红茶已用过，
在杯盘中间，当人们谈着你和我，
是不是值得以一个微笑
把这件事情一口啃掉，
把整个宇宙压缩成一个球，
使它滚向某个重大的问题，
说道："我是拉撒路，从冥界
来报一个信，我要告诉你们一切。"——
万一她把枕垫放在头下一倚，
说道："唉，我意思不是要谈这些；
不，我不是要谈这些。"

10

那么，归根到底，是不是值得，
是否值得在那许多次夕阳以后，
在庭院的散步和水淋过街道以后，
在读小说以后，在饮茶以后，在长裙拖过地板以后，——
说这些，和许多许多事情？——
要说出我想说的话绝不可能！
仿佛有幻灯把神经的图样投到幕上：
是否还值得如此难为情，
假如她放一个枕垫或掷下披肩，
把脸转向窗户，甩出一句：
"那可不是我的本意，
那可绝不是我的本意。"

11

不！我并非哈姆雷特王子，当也当不成；
我只是个侍从爵士，为王家出行，
铺排显赫的场面，或为王子出主意，
就够好的了；无非是顺手的工具，
服服帖帖，巴不得有点用途，
细致，周详，处处小心翼翼；
满口高谈阔论，但有点愚鲁；
有时候，老实说，显得近乎可笑，
有时候，几乎是个丑角。

12

呵，我变老了……我变老了……
我将要卷起我的长裤的裤脚。

13

我将把头发往后分吗？我可敢吃桃子？
我将穿上白法兰绒裤在海滩上散步。
我听见了女水妖彼此对唱着歌。

我不认为她们会为我而唱歌。

我看过她们凌驾波浪驶向大海,
梳着打回来的波浪的白发,
当狂风把海水吹得又黑又白。

我们留连于大海的宫室,
被海妖以红的和棕的海草装饰,
一旦被人声唤醒,我们就淹死。

(查良铮 译)

  这首诗是艾略特在 1910—1911 年之间写成的诗,当时二十三四岁的诗人刚从美国到达欧洲,思想处于转变过程中,这首诗是他现代主义思想的典型代表。开头引用的意大利文出自但丁的《神曲》,是提示读者即将读到的这首诗并不是十分美好的爱情诗,却是诗人内心的真实想法。题目中的主人公普鲁弗洛克是一名中年男子,他对自己的精神和情感问题感到恐慌。艾略特把普鲁弗洛克比作精神荒芜的现代西方人,通过对普鲁弗洛克意识的描述展现现代西方人的精神分裂和麻醉状态。这首非同寻常的情诗实际上是一首悲歌,是诗人挣扎矛盾的内心的真实写照。

Questions:

1. To whom is the poem addressed? Who is the "you" in the first line?

2. Where is the speaker going? What is he going to do? Does he do it in the end? If not, what prevents him from doing it?

3. What kind of man is Prufrock like? What is his view of himself?

4. What are the ladies in the room? Why are they talking about Michaelangelo? How does Prufrock feel about them?

5. What is the general tone of the poem? What are the images that support the impression?

七、兰斯顿·休斯(Langston Hughes, 1902—1967)

  兰斯顿·休斯是美国历史上第一位成就卓越的黑人作家,是美国文坛举足轻重的人物,他为美国文学留下了超过 60 本书,其中包括 12 本诗集。

  1902 年,休斯出生在美国密苏里州一个传统的黑人家庭,幼年时父母离异,他跟随祖父母生活到了 13 岁。后跟随母亲及继父搬到伊利诺伊州的林肯居住,而休斯也正是在林肯开始了诗歌创作。高中毕业后在墨西哥生活过一年,1922

年进入哥伦比亚大学读书一年。1923 年辍学后，休斯做过许多工作，并以水手的身份游历非洲和欧洲，后来流落巴黎。在此期间，积累了丰富生活经历的休斯勤奋写作，在《危机》(*The Crisis*) 等带有政治和种族色彩的杂志上发表自己的诗作，并参加了 19 世纪 20 年代兴起的"哈莱姆文艺复兴"（Harlem Renaissance），开始在黑人文坛崭露头角。1926 年，休斯出版了自己的第一部诗集《萎靡的布鲁斯》(*The Weary Blues*)。1927 年，出版了他的第二部诗集《献给犹太人的好衣裳》(*Fine Clothes to the Jew*)。1929 年进入林肯大学学习，并获得硕士学位。1930 年，他的第一部小说《不是没有笑声》(*Not Without Laughter*) 获得了哈蒙文学金奖。休斯受到了新黑人运动的影响和哈莱姆运动的熏陶，早期的作品带有唯美主义和民族主义倾向。他曾出访苏联并以记者身份参加西班牙内战，渐渐开始形成支持革命的立场。"二战"后他一度转变了斗争的思想，但很快就重拾现实主义精神，创作出一些歌颂工人运动、反对种族歧视的作品，如《新的歌》、《让美国重新成为美国》、《辛普尔这样主张》(*Simple Stakes a Claim*) 等。50 年代初麦卡锡主义盛行，休斯的作品一度出现了为了艺术而艺术的倾向，这一时期他主要创作的是爵士诗和幽默小品，代表作《问你的妈妈——爵士十二式》(*Ask Your Mama — 12 Moods for Jazz*) 被认为是先锋派诗歌的探索。休斯的其他主要作品还有讽刺小说三部曲《辛普尔倾诉衷肠》(*Simple Speak His Mind*)、《辛普尔的高明》(*The Best of Simple*) 和《辛普尔的萨姆叔叔》(*Simple's Uncle Sam*)，自传《大海》(*The Big Sea*) 和《我徘徊，我彷徨》(*I Wonder as I Wander*) 等。

休斯一生创作诸多，体裁丰富，包括小说、戏剧、散文、传记、诗歌等，其中尤以诗歌成就最显著，被称为"哈莱姆的桂冠诗人"。他的诗作大多数收录在自编的诗集《诗选》中。他热爱自己的出身和民族，他的诗歌也充满了对种族歧视的抗议和对黑人进步的歌颂，同时富有爵士乐韵律感和奔放的热情。休斯的创作真实而深刻地反映了美国黑人的社会生活，倾诉了他们的苦难与辛酸、欢乐与希望，以及对自由、民主的追求与渴望。

【经典诗歌鉴赏】

The Negro Speaks of Rivers

I've known rivers:
I've known rivers ancient as the world and older than the flow of human blood
    in human veins.

My soul has grown deep like the rivers.

I bathed in the Euphrates[1] when dawn were young.
I built my hut near the Congo and it lulled me to sleep.
I looked upon the Nile and raised the pyramids above it.
I heard the singing of the Mississippi when Abe Lincoln[2]
  went down to New Orleans, and I've seen its muddy
  bosom turn all golden in the sunset.

I've known rivers:
Ancient, dusky rivers.

My soul has grown deep like the rivers.

【参考译文】

黑人谈河流

我了解河流,
我了解河流和世界一样古老,比人类血管中的血流还要古老。

我的灵魂与河流一样深沉。

当朝霞初升,我沐浴在幼发拉底斯河。
我在刚果河旁搭茅棚,波声催我入睡。
我俯视着尼罗河,建起了金字塔。
当阿贝·林肯南下新奥尔良,我听到密西西比河在歌唱,我看到河流混浊的胸脯被落日染得一江金黄。

我了解河流,
古老的,幽暗的河流。

我的灵魂与河流一样深沉。

(赵毅衡 译)

---

1 the Euphrates:幼发拉底河,与位于其东面的底格里斯河共同界定美索不达米亚,通常称之为两河流域。源自安纳托利亚的山区,流经叙利亚和伊拉克,最后与底格里斯河合流为阿拉伯河,注入波斯湾。
2 Abe Lincoln:Abraham Lincoln,亚伯拉罕·林肯,美国第16任总统。

《黑人谈河流》是休斯最早发表在《危机》杂志上的作品,这首短诗使他一举成名。他并没有在诗中详细地叙述黑人的历史,而是使用了一系列的意象集中呈现,从古老的密西西比河到幼发拉底河,从金字塔到林肯南下的新奥尔良,跨过时间和空间的距离将这意象统一起来,用跳跃的蒙太奇手法把黑人的历史鲜明生动地呈现在读者面前。这可以算是一部浓缩的黑人历史。诗中重复出现的"我的灵魂与河流一样深沉"则是诗人对自己种族人民的热情歌颂和赞扬。

Questions:

1. It is known that "Negro" is a derogative and insulting title for black people. Why does the speaker address himself in this way in the title?

2. Who is the speaker of the poem? Is it a specific individual or a group of people? An actual person or an imagined image?

3. Why was the Mississippi singing when Lincoln went down to New Orleans? What historical event is alluded to here?

I, too

I, too, sing America.

I am the darker brother.
They send me to eat in the kitchen
When company[1] comes,
But I laugh,
And eat well,
And grow strong.

Tomorrow,
I'll be at the table
When company comes.
Nobody'll dare
Say to me,
"Eat in the kitchen,"

---

1 company: guests.

Then.

Besides,
They'll see how beautiful I am
And be ashamed —

I, too, am America

【参考译文】

我，也

我，也歌颂美国。

兄弟中我长得黑些。
他们打发我到厨房里吃
因为有客人来，
可是我笑着，
吃得好，
长得壮。

明天，
我会坐在桌边，
当客人来时。
没人敢
对我说：
"到厨房去吃。"
到那时。

而且，
他们会发现我有多美
然后感到羞愧——

我，也是美国。

（王文丽　译）

这首精炼的短诗是休斯作品中最具民族特色的一首，也是诗歌史上最重要的黑人宣言之一。诗人把国家比喻成家，把自己作为黑人的代表，"我"是兄弟中长得比较黑的那个，因此受到了不公平的待遇——家里来了客人时要到厨房去吃饭。但是"我"并没有因此萎靡消沉反而成长壮大。这首诗是以明确的语言和乐观的态度赞颂了黑人的尊严和骄傲，这与同时期的黑人的生活状况形成了鲜明对比。这首诗同样以自由体写成，这种无拘无束的格式与诗歌追求自由挣脱束缚的主题相呼应，完美地传达了休斯对自由平等的向往。而充满节奏感的韵律和休斯诗与歌相结合的创作风格一脉相承。

Questions：

1. Who does "they" refer to? Why will they be ashamed?
2. How do you understand the last line of the poem?

八、艾伦·金斯堡（Allen Ginsburg, 1926—1997）

艾伦·金斯堡是"二战"后美国涌现出的"垮掉的一代"中最杰出的诗人，是20世纪五六十年代最具影响力的作家。

金斯堡1926年出生于新泽西州纽瓦克市的一个犹太家庭，后就读于哥伦比亚大学学习经济学和文学，并且中途一度被开除。在哥伦比亚大学学习期间，他他先后结识了威廉·巴勒斯、杰克·凯鲁亚克、卢西恩·卡尔等人。1949年，金斯堡从哥伦比亚大学毕业。他在纽约一边写诗，一边从事着各种工作，做过洗碗工、撰稿人、市场调查员。后来受人牵连，他在精神病院住了8个月，并认识了卡尔·所罗门。1955年，金斯堡携带自己创作的长诗《嚎叫》（*Howl*）来到旧金山，在这里他认识了旧金山文艺复兴的一些成员，在他们的介绍下金斯堡进入了旧金山诗坛。在一次朗诵会上当众朗诵了《嚎叫》，因此名声大噪。这是献给卡尔·所罗门———个"疯狂的圣人"、有着强烈自虐倾向的天才——以及他在精神病院遭受的种种折磨的诗。这首一面世即获得轰动性成功的诗在题材上模仿沃尔特·惠特曼的自由体长诗，在内容上大力抨击美国当时盛行的物质主义和守旧思想，同时对当时美国青年颓废的生活方式进行了描述，其中要属对同性恋的描写最为引人瞩目。这部以吸毒、酗酒、同性恋、犯罪、精神疾病为主要内容的长诗难以被20世纪中叶的美国主流文化所接纳。1957年，由于《嚎叫》的出版引发了种种非议，艾伦·金斯堡与他的同性爱人彼得·奥尔洛夫斯基搬到了巴黎。1956年，患有精神疾病的母亲去世后，金斯堡写成了第二部作品《祈祷文》（*Kaddish*，又译为《卡迪什》）来纪念母亲，这部长诗是金斯堡对自己与母亲痛苦纠结的关系的叙述。1960年，金斯堡赴亚洲研究佛教。60年代他积极参加反越战运动,出版了《现实三明治》(*Reality Sandwiches*, 1963)、《行星新闻》(*Planet News*, 1969)等诗集。因诗歌集《美国的堕落》(*The Fall of America*)获得1974年全国图书奖。虽然首部作品就受到了官方的打压,但是战胜了传统派的金斯堡在之后的创作中继续展示了1950—1960年代反传统文化(counter culture)的诸多方面:反战、吸毒体验、性自由、对资本主义与共产主义官僚作风的敌视、对东方宗教的皈依等。

他是诗歌不再流行的时代最流行的诗人,是战后先锋派艺术家最典型的代表。他自称自己的诗歌师承惠特曼,而诗歌中的神秘气质则得之于布莱克。金斯堡那些发泄痛苦的作品充满了对时代的嘲讽和反抗,给整个世界的诗坛以及文学和音乐都带来极大的冲击,使他不仅长时间被奉为"垮掉的一代"的领袖人物,并且成为全世界范围内年轻一代的偶像。

【经典诗歌鉴赏】

In Back of the Real

railroad yard in San Jose
I wandered desolate [1]
in front of a tank factory
and sat on a bench
near the switchman's shack.

A flower lay on the hay on
the asphalt highway
— the dread hay flower
I thought — It had a
brittle [2] black stem and
corolla of yellowish dirty
spikes like Jesus' inch long
crown, and a soiled
dry center cotton tuft
like a used shaving brush
that's been lying under

1　desolate: lonely, without company.
2　brittle: likely to break.

the garage for a year.

Yellow, yellow flower, and
flower of industry,
tough spiky ugly flower,
flower nonetheless,
with the form of the great yellow
Rose in your brain!
This is the flower of the World.

【参考译文】

在真实的背后

圣约瑟调车场
我孤寂地徘徊
在一家油罐厂前
而后坐上长凳
靠近扳道夫的小木屋。

一朵花躺在干草堆上
就在柏油路上
——是可怕的干草花
我想——它黑色的花茎
似乎一捏即碎
穗须暗黄的
花冠像耶稣的窄小
王冕,中间那污秽
干枯的棉簇
像一把用旧的剃须毛刷
扔在车库里躺着
足足已有一年。

黄黄的,黄黄的花儿
工业之花,
僵硬多刺丑陋的花儿,

然而还是花
其形状就像
你脑海中硕大的黄玫瑰!
这是世界之花。

(文楚安 译)

这首以花为描写对象的诗,与众多借花抒情的诗歌不同,诗人想要表达的却是完全相反的思想,题目"在真实的背后"就揭示了这一点。许多诗人都是由所见之花的美丽引发灵感,而金斯堡则称他看到的这朵花为"可怕的干草花"(the dread hay flower)。这朵躺在柏油路上的花由大自然被移植到工业区,成了一朵丑陋的"工业之花",乌黑(black)、僵硬(tough)且多刺(spiky)。这朵花象征着被过度追求工业化和物质的人类破坏殆尽的大自然,象征着人类的丑恶和贪婪。

Questions:

1. Where does the poet find the flower? Why is it called "flower of industry?"

2. What does the poet think about the hay flower? Can you infer from the words used to describe it?

3. Why is the flower compared to Jesus' crown?

参考文献

Brooks, Cleanth & Warren, Robert Penn. 2004. *Understanding Poetry*. Beijing: Foreign Language Teaching and Research Press.

Parini, Jay & Miller, Brett G. 2005. *The Columbia History of American Poetry*. Beijing: Foreign Language Teaching and Research Press.

Woodring, Carl & Shapiro, James. 2005. *The Columbia History of British Poetry*. Beijing: Foreign Language Teaching and Research Press.

爱伦·坡. 2013. 英诗经典名家名译：爱伦·坡诗选. 曹明伦, 译. 北京：外语教学与研究出版社.

拜伦, 雪莱, 济慈. 2007. 拜伦 雪莱 济慈抒情诗精选集. 穆旦, 译. 北京：当代世界出版社.

陈庆勋. 2008. 艾略特诗歌隐喻研究. 上海：上海人民出版社.

飞白. 1989. 世界名诗鉴赏辞典. 桂林：漓江出版社.

飞白. 1999. 勃朗宁诗选. 深圳：深圳海天出版社.

弗罗斯特. 2012. 英诗经典名家名译：弗罗斯特诗选. 江枫, 译. 北京：外语教学与研究出版社.

辜鸿铭. 2009. 春秋大义：中华文明之精神. 颜林海, 译. 成都：四川文艺出版社.

辜正坤. 2000. 英文名篇鉴赏金库（诗歌卷）. 天津：天津人民出版社.

胡家峦. 2003. 英国名诗译注. 北京：外语教学与研究出版社.

惠特曼. 1999. 草叶集. 赵萝蕤, 译. 上海：上海译文出版社.

惠特曼. 2013. 惠特曼诗选. 赵萝蕤, 译. 北京：外语教学与研究出版社.

江枫. 1996. 狄金森抒情诗选. 长沙：湖南文艺出版社.

李正栓, 陈岩. 2007. 美国诗歌研究. 北京：北京大学出版社.

李正栓. 2006. 英国文艺复兴时期诗歌研究. 石家庄：河北大学出版社.

刘文杰. 2014. 英语诗歌汉译与赏析. 广州：中山大学出版社.

孟昭毅, 黎跃进. 2009. 外国神话史诗民间故事鉴赏辞典. 上海：上海辞书出版社.

弥尔顿. 1984. 失乐园. 朱维之, 译. 上海：上海译文出版社.

王佐良，金立群. 2013. 英国诗歌选集. 上海：上海译文出版社.
袁可嘉. 1997. 叶芝抒情诗选. 西安：太白文艺出版社.
查良铮. 1985. 英国现代诗选. 长沙：湖南人民出版社.
张健，赵冬，王文丽. 2008. 英美诗歌选读. 北京：外语教学与研究出版社.
张金霞. 2008. 英美诗歌导读. 石家庄：河北大学出版社.